カラー版

日本の神社100選

一度は訪れたい古代史の舞台ガイド

日本の神社研究会

神社を知れば、この国の歴史がわかる

世界各地にはさまざまな宗教があるが、日本には神社を信仰する「神道《しんとう》」がある。この神道の原型は、仏教やキリスト教が誕生する前の縄文時代にまでさかのぼるといわれる。外来の宗教が伝来する前に誕生した神道には、教えや戒律がなく、日本人の伝統的な価値観から成り立つものといえる。

　現存する最古の歴史書『古事記』、そして最古の正史『日本書紀』には数多くの神社が登場する。神社と日本の歴史は分かつことのできないものである。政治のことを「まつりごと」というが、古代の日本においても「祭《まつ》り事《ごと》」を行う神社は重要な存在だった。神社を知ることは日本の歴史を知ることに繋がるのである。

吉備津神社
10代崇神天皇の時代に各地平定のために派遣された四道将軍の1人を祭神として祀る。

目次

一度は訪れたい
古代史の舞台ガイド

日本の神社100選

第1章 神話の時代

『古事記』『日本書紀』が編纂されたのは8世紀の頃。この記紀神話には、世界の誕生から日本が誕生する創生神話が描かれている。日本の建国は、初代の神武天皇の即位からとされるが、ヤマト王権が誕生したのが3世紀後半から4世紀初頭と考えられている。しかし、日本ではヤマト王権誕生前に、1万年を超える縄文時代と邪馬台国《やまたいこく》があった弥生時代があった。この頃にはすでに神道《しんとう》の原初的な信仰がはじまっていた。その代表となるのが、自然信仰である。人智を超えた自然物に神が宿るとする考え方で、岩石などの磐座《いわくら》信仰、山を御神体とする神奈備《かむなび》（神体山）信仰などが生まれた。神話の時代に創建された神社にはこのような自然信仰が色濃く残っている。

天孫降臨（てんそんこうりん）
神宮徴古館 蔵
日本を建国した皇室の祖先は、天上世界である高天原（たかまがはら）から地上世界統治のために降臨したと伝えられる。

出雲大社《いづもおおやしろ》

島根県

出雲大社は、一般的には「いづもたいしゃ」と読まれるが、正式名称は「いづもおおやしろ」である。

出雲大社の歴史は古く、神話の時代までさかのぼる。祭神のオオクニヌシはスサノオの子（または子孫）で、幾多の試練を乗り越えて国づくりを成し遂げた。しかし、天孫降臨《てんそんこうりん》で国土を高天原《たかまがはら》の神々に還すことになり、その代わりに自

分を祀る神殿を建てるよう求めた。こうして完成した宮殿が天《あめの》日隅宮《ひすみのみや》で、これが現在の出雲大社になったといわれる。祭祀を司るのはアマテラスの子アメノホヒの子孫で、出雲国造《くにのみやつこ》として代々仕えた。国造家は14世紀に千家《せんげ》家と北島家に分かれたが、現在は千家家が宮司職を務めている。

　現在の本殿の高さは約24メートルだが、平安時代の史料『口遊《くちずさみ》』には、出雲大社の本殿の高さが16丈（約48メートル）だったと記されている。これは14階建てのビルに相当する高さで、しかも本殿に

社殿
平安時代に記された『口遊』には、高い建物の順位として、「雲太（出雲大社）、和二（東大寺）、京三（平安京太極殿）」とある。

は長い階段が付設されていたといわれる。ただし、この高層神殿の存在を裏付ける遺構は近年まで発見されず、長らく伝説として語られるにとどまってきた。しかし、２０００年に巨大柱（宇豆柱《うずばしら》）の最下部が見つかり、高層神殿の実在性は一気に高まった。

オオクニヌシ
出雲大社にあるオオクニヌシ像。「大いなる国の主」の名の通り、旧暦10月の神在月には日本全国の神々が出雲大社に集まるとされる。

古代の出雲は一大文化圏を形成しており、３５８本の銅剣が出土した荒神谷《こうじんだに》遺跡や銅鐸39個が出土した加茂岩倉遺跡など、青銅器の出土数では日本屈指の数である。また出雲独特の墓である四隅突出墳は日本海側を中心に広く分布している。古代の出雲大社は海に面して建っていたといわれる。出雲が日本海の海上ルートを使って広く交易を行っていたことがうかがえる。

旧暦10月は「神無月《かんなづき》」というが、出雲では、この時期に全国の神々が集まることから

「神在月《かみありづき》」と呼ばれる。こうした話からも出雲大社に祀られるオオクニヌシは、古代における「大いなる国の主」の名にふさわしい力を持っていたことがうかがえる。

巨大な宇豆柱
出雲大社 蔵
島根県立古代出雲歴史博物館 写真提供
出雲大社境内から2000年に発見された直径約3mの大木3本からなる宇豆柱。

DATA

住所／島根県出雲市大社町杵築東195
アクセス／一畑電鉄「出雲大社前」駅から徒歩約5分

須我神社《すがじんじゃ》

住所／島根県雲南市大東町須賀260

八雲山の夫婦岩

須我神社から約2kmほど離れた八雲山にある奥宮には、スサノオとクシナダヒメ、二神の子どもの神霊を祀る磐座がある。

ヤマタノオロチを退治したことで知られるアマテラスの弟スサノオは、生贄になるはずだったクシナダヒメと結婚し、須賀の地に日本初の宮殿を建てたと伝えられる。その地に創建されたのが、須我神社だ。スサノオは妻を娶《めと》ったときに歌を詠んだことから、和歌発祥の地とされ、石碑が建立されている。祭神は、スサノオとクシナダヒメ、その子であるスガノユヤマヌシミナサロヒコヤシマ。神社の背後にある八雲山には、夫婦岩と呼ばれる巨大な岩があり、もともとは須賀の地の総氏神として信仰されていた。

潮御崎神社《しおのみさきじんじゃ》

社殿
紀伊半島の南端にある潮岬にある神社。紀伊半島沖には黒潮が流れ、古代から文物の交流地となっていた。

住所／和歌山県東牟婁郡串本町潮岬２８７８

潮御崎神社は本州最南端の神社で、12代景行天皇が海辺にある「静之窟《しずのいわや》」にスクナヒコナを勧請したのが始まりとされている。その後は「静之峰」に遷座され、貞観12年（８７１）には「潮見の端」に遷った。だが１８６９年に再び「静之峰」へ遷座され、社殿が改築されて現在に至っている。スクナヒコナは海の彼方から来た小さな神で、オオクニヌシと一緒に国づくりを行い、その後、この地から海の彼方へ帰ったと伝えられる。出雲と紀伊には不思議な共通点があり、神社がある潮岬の東には「出雲」という地名がある。

諏訪大社《すわたいしゃ》

長野県

諏訪大社は長野県の諏訪湖の近くに鎮座する神社で、全国にある諏訪神社の総本社だ。祭神のタケミナカタはオオクニヌシの御子神《みこがみ》で、『古事記』では国譲りの場面に登場する。高天原《たかまがはら》の使者が出雲のオオクニヌシに国譲りを迫ったところ、オオクニヌシとタケミナカタの兄コトシロヌシは同意したが、タケミナカタは反対して使者に力比べを挑んだ。ところが敗れて逃亡し、諏訪の地に追いつめられて「この地から一歩も出ない」と誓って国譲りを認めた。対馬海流が流れる日本海は、古代における主要海路であり、タケミナカタの逃亡は、この対馬海流ルートと一致することは興味深い。

諏訪大社は諏訪湖を挟んで上社《かみしゃ》（本宮《ほんみや》・前宮《まえみや》）と下社《しもしゃ》（春宮《はるみや》・秋宮《あきみや》）に分かれており、タケミナカタの妃であるヤサカトメも祭神として祀られている。祭事は7年ごとに行われる「式年造営御柱《みはしら》大祭（御柱祭《おんばしらさい》）」が有名で、奥山で切り出した御柱が急坂を下る木落《きおと》しの光景は圧巻である。

下社秋宮・神楽殿

出雲大社と同様に太い注連縄（しめなわ）があり、社殿の四方には御柱が立つ。出雲大社との深い関係性がうかがえる。

オオクニヌシの国譲り

高天原の使者はオオクニヌシに国を譲るように迫り、オオクニヌシは同意したがタケミナカタは力比べを挑んだ。

DATA

住所・アクセス／

上社本宮	長野県諏訪市中洲宮山1	JR中央本線「茅野」駅から車で約10分
上社前宮	長野県茅野市宮川2030	JR中央本線「茅野」駅から車で約7分
下社春宮	長野県諏訪郡下諏訪町193	JR中央本線「下諏訪」駅から徒歩約20分
下社秋宮	長野県諏訪郡下諏訪町5828	JR中央本線「下諏訪」駅から徒歩約12分

戦災を免れた大鳥居が残る北陸随一の神宮

氣比神宮《けひじんぐう》

福井県

氣比神宮が鎮座する敦賀は、古くから海上交通と軍事の要所として栄えてきた。朝廷も神宮を「北陸道総鎮守」として重視し、『延喜式《えんぎしき》』神名帳《じんみょうちょう》でも越前《えちぜん》国の一宮に位置づけられている。主祭神は食物や海上交通などを司るイザサワケで、氣比大神《けひのおおかみ》とも称される。本殿（本宮）には11代仲哀《ちゅうあい》天皇や神功《じんぐう》皇后が祀られているほか、本宮周囲の四社《ししゃ》の宮では子の15代応神天皇など四柱の神が祀られている。

創建年は定かではなく、祭神のイザサワケがこの地に降臨したと伝えられ、古くより航海安全の守護神として信仰された。14代仲哀《ちゅうあい》天皇やその妃・神功《じんぐう》皇后も国家安泰の祈願をしたと伝えられ、42代文武《もんむ》天皇の代に社殿が修営された。古代における主要海路である対馬海流ルートから若狭湾に入り、南進すると琵琶湖がある。この琵琶湖から水路を使えば、ヤマト王権の中心地となった大和（奈良県）や京、河内（大阪府）へと至る。氣比神宮のある敦賀の地は、海外交易の日本海側の重要拠点だったのである。

社殿

大宝２年（702）、文武天皇の代に社殿が修営された。1945年の敦賀空襲で建物はほぼ全焼し、戦後に社殿が再建された。

大鳥居

日本三大鳥居のひとつに数えられる大鳥居は奇跡的に戦火を免れ、国の重要文化財に指定されている。

DATA

住所／福井県敦賀市曙町11-68
アクセス／JR北陸本線「敦賀」駅より徒歩約15分

宗像大社《むなかたたいしゃ》

大陸に続く海上を守護する三女神を祀る

福岡県

宗像大社は宗像市田島にある辺《へ》津宮《つぐう》、辺津宮から海上約11キロの位置に浮かぶ大島の中津宮《なかつぐう》、玄界灘のほぼ中央に位置する沖ノ島の沖津宮《おきつぐう》の三宮からなる。祭神は「宗像三女神」と称される三柱の女神で、『日本書紀』によると、スサノオが身の潔白を証明するためにアマテラスと誓約《うけい》をしたときに生まれたとされる。誓約は弥生時代にも行われていた日本独自の一種

の占いである。

アマテラスは三女神に「宗像の地で天皇を助けよ」と命じ、辺津宮にはイチキシマヒメ、中津宮にはタギツヒメ、沖津宮にはタゴリヒメが祀られた。宗像三女神は全国で祀られており、宗像大社はその総本社とされ、「道主貴《みちぬしのぬち》」とも呼ばれる。

辺津宮・中津宮・沖津宮の三宮を線で結ぶと、朝鮮半島への航路を指し示している。そのため、宗像大社が祀る三女神は海上交通の神として崇められてきた。アマテラスとスサノオという異なる性質

辺津宮
宗像大社の総社で、本殿にイチキシマヒメを祀るほか、第二宮には沖津宮のタゴリヒメ、第三宮には中津宮のタギツヒメを祀る。

沖ノ島

辺津宮から約45km離れた沖ノ島には、タゴリヒメを祀る沖津宮がある。一木一草一石でも持ち出すことが禁じられている。

の2神によって生まれた宗像三女神が異文化の交流地である海上交通の要衝に祀られたことは象徴的だ。のちに大陸へ渡る遣唐使も、参拝して航海の安全を祈願した。現在も交通安全の神として信仰されており、自動車専用のお守りも宗像大社が発祥である。

沖津宮がある沖ノ島は、一般人が勝手に立ち入ることができない。女人禁制で、辺津宮から10日おきに神職1名が島に上陸して奉仕している。学術調査で古代祭祀の宝物や遺物が大量に見つかったことから、沖ノ島は「海の正倉院《しょうそういん》」とも呼ばれる。これらの神宝類は約8万点が国宝に指定され、辺津宮境内の神宝館に収蔵されている。神話の記述の通り、沖ノ島では古代より祭祀が行われてきたのだ。

大陸との交易の中心だった宗像の地は、海洋豪族の宗像（宗形）氏が一帯を治めた。しかし戦国期に入ると没落し、宗像大社も放火・破壊の被害を受けて衰退した。それでも、天正6年（１５７８）には大宮司・宗像氏貞によって辺津宮の本殿が再建されている。

２０１７年、宗像大社は「『神宿る島』宗像・沖ノ島と関連遺産群」として世界遺産に登録された。

宗像三女神の誕生

アマテラスとスサノオの誓約によって宗像三女神（写真右上）が誕生し、宗像の地に鎮座した。

中津宮

辺津宮から約11km離れた大島にあり、社殿は辺津宮と向かい合っている。タギツヒメを祀り、七夕信仰発祥の地とされる。

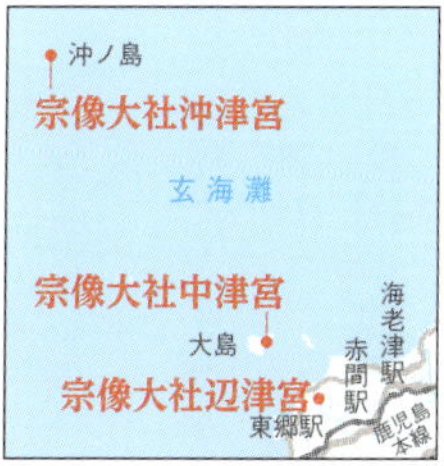

DATA

住所／辺津宮　福岡県宗像市田島2331
　　　中津宮　福岡県宗像市大島1811
　　　沖津宮　福岡県宗像市沖ノ島
アクセス／辺津宮
JR鹿児島本線「東郷」駅からバスで約12分
中津宮
神湊波止場から市営渡船しおかぜで大島港へ（約15分）。下船後徒歩約5分

江田神社《えだじんじゃ》

社殿

江田神社から徒歩5分ほどの地には、イザナギが黄泉の国から帰った際に禊を行った場所と伝えられるみそぎ池がある。

住所／宮崎県宮崎市阿波岐原町字産母127

多くの神々や日本列島を生んだイザナギとその妻イザナミを祀る神社で、創建年は明らかではないが、日向国を代表する神社だった。しかし、寛文2年（1662）の大津波で社殿が流されて衰退。その後は、村落の産土神として親しまれた。江田神社から徒歩5分ほどのところには、イザナギが黄泉《よみ》の国から帰った際に禊《みそぎ》を行なった地とされる「みそぎ池」がある。江田神社の周辺地域からは弥生時代の甕棺《かめかん》が出土したほか、檍《あおき》遺跡古墳群には4世紀中頃の前方後円墳があり、古代から信仰の地だったことがわかる。

伊弉諾神宮《いざなぎじんぐう》

社殿

社伝によるとイザナギ終焉の地に神陵（墓）が築かれ、明治時代以降、その真上に本殿が遷座された。

住所／兵庫県淡路市多賀７４０

多くの神々を生んだイザナギは、子のアマテラスなどに国の統治を任せたのちに自身は淡路島に構えた幽宮《かくりのみや》に鎮まった。これが伊弉諾神宮の起源とされており、記紀神話に記された神社の中ではもっとも歴史が古い。中世以降は坂上田《さかのうえのた》村麻呂《むらまろ》の後裔・田村氏や徳島藩などの保護を受け、１９５４年には名称が伊弉諾神社から伊弉諾神宮に改称された。淡路島は、イザナギとイザナミが最初につくった日本の国土で、出雲と同じ型で作られた銅鐸が発見されるなど、古代において重要な祭祀の地だった。

イザナミを祀る巨岩信仰の神社

花窟神社《はなのいわやじんじゃ》

三重県

『日本書紀』には、火の神カグツチを生んだ後に亡くなったイザナミは、紀伊国熊野の有馬村に葬られたと記されている。近隣の人たちは窟《いわや》に花を供えたり、歌舞によってイザナミの神霊を祀った。これが「花の窟」の名の由来である。2004年には「紀伊山地の霊場と参詣道」として花窟神社も構成資産のひとつとして世界遺産に登録された。

神社には本殿がなく、熊野灘に面して立つ高さ約45メートルの巨岩がイザナミの御神体として崇められ、古代の磐座《いわくら》信仰を色濃く残している。花窟神社から約1・3キロ離れた場所にはイザナミがカグツチを産んだ地とされる産田《うぶた》神社があり、ここにも磐座が残る。

毎年2月（春季大祭）と10月（秋季大祭）に行われる御綱掛け神事では、長さ約170メートルの大綱が巨岩の頂上にある木から境内の御神木まで掛け渡される。綱には花や扇子が飾られ、イザナミの神霊を祀ったという『日本書紀』の記述を、目に見えるかたちで現代に伝える。

花の窟

イザナミの墓所とされる巨岩。火の神カグツチは怒ったイザナギに切り殺されたとされ、花の窟の向かいにはカグツチを祀る王子ノ窟がある。

イザナギとイザナミ

数多くの神々と日本列島を産んだイザナミは火の神カグツチを産んだときの火傷がもとで死んでしまう。

DATA

住所／三重県熊野市有馬町上地130
アクセス／JR紀勢本線「熊野市」駅からバスで約5分

霧島神宮《きりしまじんぐう》

鹿児島県

坂本龍馬が新婚旅行で訪れたことでも知られる霧島神宮。主祭神のニニギはアマテラスの孫で、地上世界を統治するために高天原《たかまがはら》から降臨したとされる。『古事記』には「竺紫《ちくし》の日向《ひむか》の高千穂の久士布流多気《くじふるたけ》」とあるが、霧島神宮が鎮座する高千穂峰が降臨の舞台だったのではないかといわれる（宮崎県高千穂町とする説もある）。

高千穂峰は霧島連峰の第二峰で、山頂にはニニギが突き立てたといわれる、製作年代不詳の青銅製の天逆鉾《あまのさかほこ》がある。霧島神宮は高千穂峰の山麓に鎮座するが、かつては山頂付近にあった。そのため、噴火の被害で何度も社殿が焼失しており、現在の社殿は正徳5年（1715）に再建されたものである。島津家が建てた社殿は朱塗りの壮麗なつくりで、勅使殿や拝殿、本殿が連なる。内部も彩色文様や鍍金《めっき》の飾り家具などで豪華に装飾しており、「西の日光」の異名を持つ。主祭神のニニギは農業の神として信仰されている。霧島神宮でも、御田植祭や散籾祭《うちまきさい》といった稲関連の神事が執り行われている。

社殿

現在の社殿は1715年に再建されたもの。朱塗りの壮麗なつくりで、内部は彩色文様や鍍金の飾り家具などで豪華に装飾しており、「西の日光」の異名を持つ。

天孫降臨（てんそんこうりん）

アマテラスの孫であるニニギは、高天原の神々を引き連れて「高千穂の久士布流多気」に降り立ったと伝えられる。

DATA

住所／鹿児島県鹿児島市霧島田口2608-5
アクセス／JR日豊本線「霧島神宮」駅からバスで約10分

母神の悲劇を伝える岩窟の神社

鵜戸神宮《うどじんぐう》

宮崎県

日向灘に面した断崖絶壁の中腹に鎮座する鵜戸神宮。参拝するには石段を降りる必要があることから、神社では珍しい「下り宮」となる。

鵜戸神宮がある地は古代より聖地として信仰され、10代崇神《すじん》天皇が創祀したといわれる。

主祭神のウガヤフキアエズは初代神武天皇の父で、この地に産屋があったとされる。父は山幸彦《やまさちひこ》の名で知られるホオリ、母は海神の娘・トヨタマヒメで、母はサメの姿になってウガヤフキアエズを産んだ。ところがその姿をホオリに見られ、それを恥じたトヨタマヒメは海に帰った。しかし、産まれたばかりの我が子を不憫に思い、乳房だけを残した。本殿裏には「お乳岩」という岩があり、現在も安産や子の成長を願う人々の信仰を集めている。

ほかにも、本殿の前にはトヨタマヒメが出産の際に乗ってきたと伝わる霊石「亀石」がある。

社伝によると、延暦元年（782）には、光喜坊快久という僧が寺院を再興し、「西の高野」ともうたわれた。だが明治に入ると寺院が廃され、明治7年（1874）に神宮号が宣下された。

社殿

産屋の跡とされる洞窟内に鎮座しており、崇神天皇によって創祀されたと伝えられる。

参道

神宮の山門までは約800メートル（八丁）の階段が続いており、鵜戸八丁坂と呼ばれる。

DATA

住所／宮崎県日南市宮浦3232
アクセス／JR日南線「伊比井」駅または「油津」駅からバスで約20分

●島全体が境内地になっている神社

青島神社《あおしまじんじゃ》

宮崎県

日向灘に突き出る形で浮かぶ青島は周囲約1・5キロの小島で、島内に生い茂る熱帯・亜熱帯性の植物は国の天然記念物に指定されている。青島神社は島のほぼ中央に位置し、島全体が境内地となっている。かつては聖域ということで島への立ち入りが制限されていたが、現在は観光地として人気を博している。

祭神として祀られているのは山幸彦《やまさちひこ》（ホオリ）と妻のトヨタマヒメ、そしてシオツチノオジである。社伝によると、山幸彦がシオツチノオジの助けを借りて海神《わたつみ》の宮へ行き、海神の娘であるトヨタマヒメと結婚した。その後、地上へ戻った後に宮を建てた場所が青島だったといわれる。元宮跡からは弥生式土器が出土するなど、古代から信仰の地だったことがうかがえる。

海洋に対する信仰から創祀されたこともあり、青島神社では海と関わりの深い神事が催されてい

青島神社全景
島全体が青島神社の境内地となっている。
島までは橋を渡っていくことができる。

る。成人の日には男性がふんどし、女性が白襦袢《じゅばん》姿で海水に浴して祈願する「裸祭り」が行われ、毎年300名以上の参加者が集まる。

山幸彦とトヨタマヒメ
海神の国を訪れた山幸彦(右)とトヨタマヒメ(左)が描かれている。

DATA

住所/宮崎県青島2-13-1
アクセス/JR日南線「青島」駅から徒歩約10分

磐船神社《いわふねじんじゃ》

拝殿と御神体の巨岩

御神体の巨岩は高さ約12mあり、ニギハヤヒが降臨する際に乗った天の磐船と伝えられる。

住所／大阪府交野市私市9－19－1

　磐船神社では高さ約12メートルの舟形巨岩を御神体としている。祭神は物部《もののべ》氏の祖神とされるニギハヤヒで、巨岩は高天原《たかまがはら》から降臨した際に用いた「天《あめ》の磐《いわ》船《ふね》」だといわれる。安土桃山時代には加藤清正が切り出そうとしたが、巨岩から血が吹き出したので断念したという逸話もある。磐船神社の祭祀は物部氏の支族である肩野《かたの》物部《もののべ》氏が担ってきたが、物部宗家の滅亡とともに衰退。宝物などの流出が相次いだが、地元民の尽力で復興した。巨岩の北側には巨石群があり、昔から修験《しゅげん》道の霊場として栄えてきた。

自凝島神社《おのころじまじんじゃ》

住所／兵庫県南あわじ市榎列下幡多415

男女の祖先神であるイザナギとイザナミを祀っている。国生み神話で最初につくられた「オノゴロ島」の所在地は諸説あり、淡路島南部にある自凝島神社の社地もその候補のひとつ。社地は小高い丘になっており、かつては海に浮かぶ小島だった可能性もある。高さ約21・7メートルの鳥居は、「日本三大大鳥居」のひとつともされる。

全景

最初の大地・オノゴロ島と伝えられ、2神が契りを結んだきっかけとなった鶺鴒（せきれい）石がある。

住吉神社《すみよしじんじゃ》

住所／福岡県福岡市博多区住吉3－1－51

全国にある住吉神社の始原とされ、大阪の住吉大社、下関の住吉神社と並ぶ「三大住吉」のひとつである。イザナギが黄泉《よみ》の国から戻り禊《みそぎ》を行った際に生まれた住吉三神（ソコツツノオ、ナカツツノオ、ウワツツノオ）を祀る。福岡の地は大陸との玄関口であり、住吉三神は航海・海洋軍事の守護神として信仰された。

社殿

筑前国一宮であり、境内地は8000坪を超える。本殿は住吉造で国の重要文化財に指定されている。

古代を歩く

高千穂

神々が降り立った伝説の地

天孫降臨した地　槵觸神社《くしふる》

ニニギが降臨した槵触山を御神体とする神社で、元禄7年（1694）に社殿が建立された。

天孫《てんそん》ニニギが三種の神器とともに降り立ったと伝えられる地は、九州南部の霧島連峰高千穂峰以外にもうひとつある。それが、宮崎県高千穂町だ。

ニニギは、『古事記』には「竺紫《ちくし》の日向《ひむか》の高千穂の久士布流多気《くじふるたけ》」、『日本書紀』には「高千穂の槵触之峯《くしふるのたけ》」に降り立ったとされ、これは高千穂町の槵触山《くしふる》と伝えられる。

高千穂の地には高天原《たかまがはら》から水種を移したとされる水源・天真名井《あまのまない》など、神々の足跡を見ることができる。

高千穂バスセンター
↓ 徒歩8分
槵觸神社
↓ 徒歩4分
天真名井
↓ 徒歩4分
荒立神社
↓ 徒歩20分
高千穂神社
↓ 徒歩20分
高千穂峡 真名井の滝
↓ 徒歩30分
高千穂バスセンター

サルタヒコとアメノウズメの住居跡

荒立《あらたて》神社

ニニギを地上まで道案内したサルタヒコが、ニニギとともに降臨したアメノウズメと結婚して住んだ地と伝えられる。

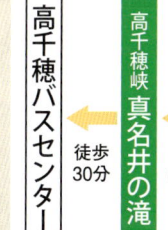

伝説の地を
守護する総社

高千穂神社

高千穂十八郷88社の総社で、11代垂仁（すいにん）天皇の時代に創建されたと伝えられる。

神が生み出した高千穂の水源

天真名井

高千穂に水がなかったためアメノムラクモが高天原に戻り、天上世界から水種を移したとされる地である。

伝説の地にある景勝地

高千穂峡
真名井の滝

約7kmの断崖が続く高千穂峡の豊かな水流は、アメノムラクモという神によって生み出されたと伝えられる。

天岩戸（あまのいわと）を
御神体とする社

天岩戸神社
西本宮

岩戸川対岸の断崖中腹にある「天岩戸」を御神体としており、社務所に申し込めば直拝することができる。

アマテラスの住居跡

天岩戸神社 東本宮

岩戸川を挟んで西本宮の東側にある東本宮は、アマテラスが天岩戸から出た後に最初に住んだとされる地。

地上にあらわれた
天上世界の姿

天安河原《あまのやすがわら》

別名「仰慕ヶ窟（ぎょうぼがいわや）」と呼ばれ、アマテラスが天岩戸に隠れた際に神々が神議した場所と伝えられる。

天上世界の神々が祀られる

天安河原宮

天安河原の大洞窟の中にある神社で、天岩戸神話で活躍した知恵の神オモイカネと諸神が祀られている

第2章

ヤマト王権の黎明期

『日本書紀』では初代神武天皇が即位したのは、辛酉《かのととり》の年（神武天皇元年）といわれ明治時代には紀元前６６０年のこととされた。これは日本では縄文時代にあたり、考古学的見地から見ると必ずしも正しくない。実際にヤマト王権が誕生したのは3世紀末から4世紀初頭と考えられている。この時期のことは中国の歴史書を含め、日本について文字の記録がないことから「空白の四世紀」と呼ばれている。ヤマト王権がどのようにできたのかは解明されていないが、地方ごとに存在した豪族が連合しその盟主として成立したと考えられる。それを裏付けるように、空白の四世紀に豪族の先祖の神・祖神を祀る神社が各地で創建されている。

橿原（かしはら）宮
神宮徴古館 蔵
九州東南部から出発した神武天皇一行は各地を平定して奈良県に入り、橿原の地で初代天皇に即位したと伝えられる。

神武天皇一行の大和入りの足跡

神倉神社《かみくらじんじゃ》

和歌山県

熊野三山のひとつである熊野速玉《はやたま》大社の摂社で、神倉山の中腹にある。山全体が境内地になっており、拝殿に行くには熊野古道のなかでもとくに古い500段以上の石段を登らなければならない。自然石を積み上げた石段を登った先には、高さ約12メートル、幅約10メートルの御神体「ごとびき岩」がある。本殿はなく原始の磐座《いわくら》信仰を今に伝える。「ことびき」は新宮の方言でヒキガエルという意味である。

九州から東征してきた初代神武天皇一行は難波《なにわ》から大和《やまと》入りをはかったが、抵抗に遭い、迂回を余儀なくされた。そこで、紀伊熊野から大和を目指し、『日本書紀』には、一行がまず「天磐盾《あまのいわたて》」に登ったと記されている。この天磐盾は、標高約120メートルの現在の神倉山だったといわれる。平安時代以降は神倉山を拠点に修行する修験《しゅげん》者が集まり、熊野参詣の記述にも見られるようになった。明治3年(1870)の台風で倒壊した後は荒廃したが、昭和に入ってから鳥居などが再建された。

ごとびき岩

神武天皇が東征の際に登った天磐盾とされ、熊野神が最初に降臨した聖地として伝えられる。

神武天皇

熊野で苦戦する中、神武天皇の弓に金鵄（きんし）が飛来して光り輝き、敵軍は目がくらみ戦意を失った。

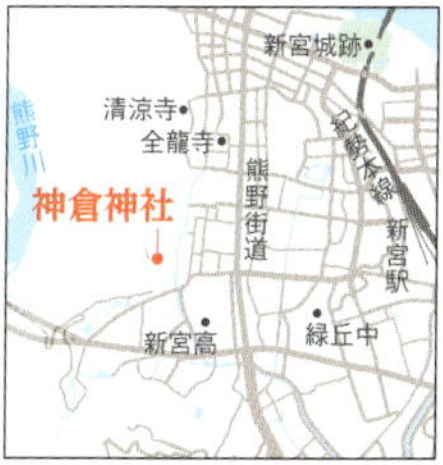

DATA

住所／和歌山県新宮市神倉1-13-8
アクセス／JR紀勢本線「新宮」駅から徒歩約20分

熊野那智大社《くまのなちたいしゃ》

●那智の大滝を御神体として祀る

和歌山県

那智川の中流にかかる那智の大滝の落差は約133メートルで、一段の滝としては日本一を誇る。その壮麗たる姿は古くから信仰の対象となった。社伝には、東征中の初代神武天皇も滝を祀ったことが記されている。

那智の大滝を訪れた神武天皇は、「オオナムチ（オオクニヌシ）の現れた御神体」として祀ったあと、一行は八咫烏《やたがらす》の道案内で大和入りを果たした。その後、16代仁徳《にんとく》天皇の代に社殿が設けられ、熊野夫須美《ふすみ》大神などが祀られた。これが熊野那智大社の起源で、夫須美は「結」とも書くことから、縁結びの神としても知られている。

紀伊半島南部は、神仏習合が進むと熊野権現信仰が盛んになった。山の神を信じる山岳信仰と仏教が一体になった修験道《しゅげんどう》の修行地となり、熊野那智大社は熊野本宮《ほんぐう》大社、熊野速《はや》玉《たま》大社と合わせて「熊野三山」と呼ばれた。平安時代の院政期には白河・鳥羽・後白河・後鳥羽といった上皇が頻繁に熊野詣を行い、参詣道は「蟻の熊野詣」と形容された。

那智の大滝

熊野那智大社の別宮・飛瀧（ひろう）神社の御神体で、滝の飛沫を浴びると延命長寿の御神徳があるといわれる。

DATA

住所／和歌山県東牟婁郡那智勝浦町那智山1
アクセス／JR紀勢本線「紀伊勝浦」駅からバスで約30分

●アマテラスゆかりの鏡を祀る2つの大社

日前神宮《ひのくまじんぐう》・國懸神宮《くにかかすじんぐう》

和歌山県

日前神宮と國懸神宮は同じ境内にあり、総称して「日前宮《にちぜんぐう》」とも呼ぶ。ひとつの境内に同格の大社が鎮座しているのは、全国でもここだけだ。

社伝によると、高天原《たかまがはら》で八咫鏡《やたのかがみ》が作成される際、日像鏡《ひがたのかがみ》（日前大神）と日矛鏡《ひぼこのかがみ》（国懸大神）もつくられたと伝えられる。これらは日前神宮と國懸神宮がそれぞれ御神体として祀っている。御神体の鏡は伊勢神宮に奉置される八咫鏡と同等とされており、そのため、両神宮は朝廷から特別な扱いを受けてきた。

両神宮の祭祀を担うのは、初代紀伊国造《くにのみやつこ》に任じられた紀《き》氏である。大和から外洋へ出る河川の交通を支配し、ヤマト王権でも重要な役割を果たしてきた。現在も紀氏の当主が宮司を務めているが、神代からつらなる家系は紀氏も含めて全国に数家程度しかない。

戦国期には豊臣秀吉の侵攻で社領が没収されたが、江戸時代に入ると紀州徳川家によって再興された。国学者も多く訪れ、国の歴史を伝える神社として広く敬愛される。

日前神宮

境内には、日前神宮と國懸神宮のそれぞれに社殿があり、同一境内に大社が2社ある。

天岩戸（あまのいわと）神話

アマテラスが天岩戸に隠れると神々は儀式を行い、岩戸が少し開いたところで八咫鏡を差し出した。

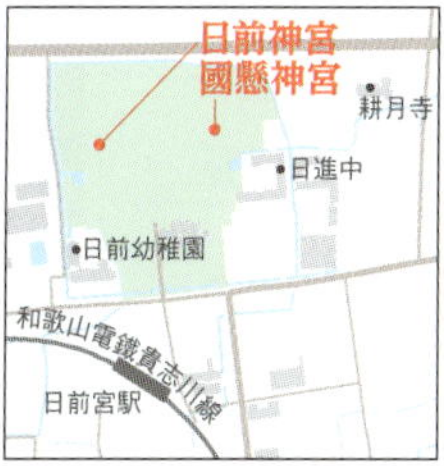

DATA

住所／和歌山県和歌山市秋月365
アクセス／和歌山電鐵貴志川線「日前宮」駅から徒歩約1分

●神武天皇の東征以前の宮跡に鎮座

宮崎神宮《みやざきじんぐう》

宮崎県

宮崎神宮は初代神武天皇を主祭神とする神社で、社伝によると東征以前はこの地に宮が置かれていた。その後、皇孫のタケイワタツが九州に下向した際、祖父の遺徳を讃えるために鎮祭した。これが宮崎神宮の始まりといわれている。

10代崇神《すじん》天皇の代に初めて社殿が造営され、12代景行天皇の熊襲《くまそ》討伐の際にも造営が行われた。神武天皇とゆかりが深いことから歴代天皇や領主から崇敬されたが、江戸時代までは知名度がそれほど高くはなかった。王政復古の大号令で「諸事、神武創業之始ニ原《モトツ》キ」という文面が出たのを機に脚光を浴びるようになり、境内整備も行われた。宮崎神宮は初代天皇の旧都にふさわしい神宮となり、現在も「神武様」の名で親しまれている。

日向地域には西都原《さいとばる》古墳群など畿内型の古墳群が数多く分布しているが、これは同地の豪族が畿内勢力と密接に結びついていたことをうかがわせる。日向は神武天皇の東征の出発点だったため、ヤマト王権も一目置いていた可能性がある。

社殿

神武天皇はウガヤフキアエズの第4皇子で、宮崎神宮のある地に宮を営み、東征に出発したという。

西都原古墳群（宮崎県西都市）

高塚墳が319基現存し、「男狭穂塚（おさほづか）」と「女狭穂塚（めさほづか）」は、ニニギと妻コノハナサクヤヒメの墓と伝えられる。

DATA

住所／宮崎県宮崎市神宮2-4-1
アクセス／JR日豊本線「宮崎神宮」駅から徒歩約10分

鹿島神宮《かしまじんぐう》

茨城県

鹿島神宮は全国にある鹿島神社の総本社で、初代神武天皇の代に創建されたと伝えられる。主祭神のタケミカヅチはアマテラスの命を受けてフツヌシとともに出雲へ降り立ち、オオクニヌシに国譲りを迫った神として知られる。平安時代の『延喜式《えんぎしき》』神名帳《じんみょうちょう》には、「神宮」の称号で呼ばれていたのは伊勢神宮、鹿島神宮、香取神宮の３社だけで、鹿島神宮が歴史と由緒

のある存在だったことがうかがえる。

タケミカヅチは諏訪の一族を平定し、関東の鹿島に進出して東北の蝦夷《えみし》を鎮撫したことから武勇の神として名高い。神武天皇は東征の半ばで思わぬ危機に陥るが、タケミカヅチの霊剣「フツノミタマ」の神威に助けられた。この神恩に感謝し、即位した年に勅祭したと伝わる。

鹿島は東に鹿島灘、西に霞ヶ浦がある水運の要所で、ヤマト王権における東国の前線基地だった。この地から蝦夷の鎮撫に向かった

社殿
本殿・石の間・幣殿・拝殿の4棟は元和5年（1619）、2代将軍・徳川秀忠が寄進したもので、重要文化財に指定されている。

要石（かなめいし）
地震を起こす大鯰を抑えつけている石と伝えられ、7日7晩にわたって掘っても、辿り着けなかったともいわれる。

ことから鹿島神宮は生命の出立や出発の御神徳があるといわれ、「鹿島立ち」という言葉が生まれた。また、南にはフツヌシを主祭神とする香取神宮があり、両神宮に息栖《いきす》神社（茨城県神栖《かみす》市）を加えて「東国三社」と呼ばれている。

古代豪族の中臣《なかとみ》氏は鹿島神宮との関わりが深く、乙巳《いっし》の変で活躍した中臣鎌足《かまたり》も鹿島出身だったという説がある。そうした縁もあり、鹿島神宮は中臣氏の流れをくむ藤原氏からも崇敬された。藤原氏の氏神である春日大社を創建する際は、鹿島から鹿島大神（タケミカヅチ）が勧請されている。また、主祭神のタケミカヅチが武勇の神ということで、歴代の武家政権も篤く信仰した。現在の社殿は、江戸幕府2代将軍・徳川秀忠の寄進で元和5年（1619）に造営されたものである。

鹿島では古くから武道が盛んで、鹿島神流と呼ばれる剣術の流派も生まれた。生涯無敗を誇った剣豪の塚原卜伝《ぼくでん》も鹿島の出身で、鹿島新當流《しんとうりゅう》を新たに興した。現在も武道関係者から崇敬されており、全国の道場の神棚には「鹿島大明神」「香取大明神」の神札が対で祀られていることが多い。

鯰（なまず）を抑える鹿島明神
タケミカヅチは武の神として信仰され、地震を起こすとされた地下の大鯰を抑えると伝わる。

DATA

住所／茨城県鹿嶋市宮中2306-1
アクセス／JR鹿島線「鹿島神宮」駅から徒歩約10分

香取神宮《かとりじんぐう》

社殿
拝殿は昭和期の造営、重要文化財の本殿は元禄13年（1700）に5代将軍・徳川綱吉によって寄進されたもの。

住所／千葉県香取市香取1697－1

主祭神フツヌシは、タケミカヅチと国譲りの交渉を行った神とされる。国譲り後には東国の開拓を行ったと伝えられる。国家鎮護の武神として朝廷や武家の崇敬を受け、現在の本殿は江戸幕府5代将軍・徳川綱吉が造営したもの。境内には地震除けの「要石《かなめいし》」があり、鹿島大神が大鯰《なまず》の頭を、香取大神が尾を押さえて地震を防いでいるとされる。香取神宮では12年に一度、午年に式年神幸祭が行われる。鹿島神宮でも同じ周期で御船祭が開催されており、タケミカヅチとフツヌシは12年に一度、水上で再会する。

氷川神社《ひかわじんじゃ》

楼門

氷川神社は関東最古級の神社で、明治元年（1868）に明治天皇が東京に入った同年に行幸し、勅祭の社と定めた。

住所／埼玉県さいたま市大宮区高鼻町１-４０７

５代孝昭天皇の代に創建された古社で武蔵国一宮。関東に約２８０社ある氷川神社の総本社で、ほかと区別するために「大宮氷川神社」の呼称を用いることもある。大宮という地名は、「大いなる宮《みや》居《い》」と称したことに由来する。

祭神はスサノオと妻クシナダヒメ、子オオナムチ（オオクニヌシ）で、13代成務天皇の代に出雲系の一族が武蔵国に移り住み、一族のひとりエタモヒが武蔵国造《くにのみやつこ》となって奉斎したと伝わる。社名の「氷川」は、出雲地方を流れる簸川《ひかわ》（斐伊川《ひいかわ》）に由来するといわれる。

忌部神社《いんべじんじゃ》

全景

忌部氏の祖神アメノヒワシを祀る。忌部氏は海洋族で熊野や房総半島にも同じ地名が見られ、同神が祀られる神社がある。

住所／徳島県徳島市二軒屋町2－48

忌部神社は、阿波忌部の祖神であるアメノヒワシを祭神として祀っている。阿波国総鎮守の神社として朝廷から崇敬されたが、中世以降は兵火などで所在が不明になった。再興されたのは明治に入ってからで、1953年に現在の社殿が建てられた。忌部氏はヤマト王権で宮廷祭祀や祭具製作などを手がけた古代氏族で、5世紀後半から6世紀前半にその地位を確立させた。阿波忌部は吉野川流域に勢力を展開し、ヤマト王権に木綿や麻布などを貢納した。忌部氏にはほかにも紀伊忌部、讃岐忌部などがある。

安房神社《あわじんじゃ》

社殿
安房神社はアメノトミが阿波地方から房総半島に渡り開拓した後に祖神アメノフトダマを祀ったとされる。

住所／千葉県館山市大神宮589

神武天皇元年、阿波国を開拓していたアメノトミが職業集団である忌部《いんべ》を率いて房総半島南部に上陸し、この地に麻や穀《かじ》を植えて開拓し、布良浜の男神山と女神山に自身の祖先であるアメノフトダマを祀る社を建てた。これが安房神社の起源とされる。養老元年（717）に現在地へ遷座し、安房国の一宮として一般庶民からの崇敬も受けた。戦国期には里見氏の庇護も受け、社殿の修造なども行われた。主祭神のアメノフトダマはヤマト王権の祭祀を担った忌部氏の祖神で、すべての産業の総祖神として崇敬されている。

●霊峰・富士山を御神体として崇める

富士山本宮浅間大社《ふじさんほんぐうせんげんたいしゃ》

静岡県

7代孝霊天皇の代に富士山が大噴火し、山麓は長期にわたって荒廃した。これを憂いた11代垂仁《すいにん》天皇は、浅間大神を「山足の地」に祀った。これが富士山本宮浅間大社の起源とされており、山霊が鎮まったことで浅間大神の御神徳が広く知られるようになった。現在、東日本を中心に約1300社の浅間神社（富士神社）があるが、富士山本宮浅間大社はその総本社である。

主祭神の浅間大神は、記紀に登場する美貌の女神コノハナサクヤヒメのことを指す。アマテラスの孫であるニニギの妃だが、懐妊の際には夫から貞節を疑われた。そこで産屋に火を放ち、そのなかで3人の子を産んで疑いを晴らした。コノハナサクヤヒメの霊力は火を伏せるほどの威力を誇り、富士山の噴火まで抑える神とされたのである。

現在地に遷座されたのは大同元年（806）で、坂上田村麻呂《さかのうえのたむらまろ》が51代平城《へいぜい》天皇の勅命を奉じて壮麗な社殿を建てた。駿河《するが》国の一宮として広く尊崇を受け、源頼朝は富士山麓で

コノハノナサクヤヒメ

山の神・オオヤマツミの娘コノハナサクヤヒメは天孫ニニギの妃となり神武天皇の祖父にあたる山幸彦を産んだ。

浅間大社奥宮

富士山山頂にあり、富士山8合目より上は奥宮境内地となる。境内地は約120万坪の広さに達する。

巻《まき》狩《が》りを行った際に流鏑馬《やぶさめ》を奉納している。武田信玄も浅間大神を崇敬しており、信玄が寄進したしだれ桜は「信玄桜」と呼ばれている。また、徳川家康は関ヶ原の戦いの報恩として、慶長9年（1604）に本殿や拝殿などを造営している。

富士山本宮浅間大社は静岡県富士宮市の本宮と富士山頂の奥宮からなり、8合目以上の約120万坪が奥宮の境内地にあたる。毎年7月10日に開山祭が実施され、8月末まで神職が常駐している。

本宮境内には富士山を源泉とする湧玉池《わくたまいけ》がある。かつては、この池で禊《みそぎ》をするのが富士山登拝の慣わしだった。富士山本宮浅間大社の本宮と奥宮、そしてこの湧玉池は、2013年に世界遺産に登録された「富士山―信仰の対象と芸術の源泉」の構成遺産になっている。

標高日本一を誇る富士山は今も昔も日本人にとっての心の拠り所で、富士山を信仰・崇拝の対象とする富士信仰も古くから盛んだった。富士山本宮浅間大社は、そんな信仰の総本宮ともいうべき存在なのである。

社殿

本殿は神社建築としては珍しい二重の楼閣でできており、浅間造と称される。

富士参詣曼荼羅図（部分）

日本において山は神々が住まう神域とされた。火口を周回する「お鉢巡り」は富士山の8峰を巡ることに由来する。

DATA

住所／静岡県富士宮市宮町1-1
アクセス／JR身延線「富士宮」駅から徒歩約10分

天岩戸の飛来伝説がある古社

戸隠神社《とがくしじんじゃ》

長野県

戸隠神社は奥社、中社、宝光社、九頭龍《くずりゅう》社、火之御子《ひのみこ》社の5社からなる神社で、8代孝元天皇の代に創建されたと伝わる。ただし、嘉祥2年（849）に創建されたという伝承もある。神社がある戸隠山は標高約1904メートルの山で、古くから修験《しゅげん》道場としてその名が知られていた。

奥社の主祭神であるアメノタヂカラオは、アマテラスが籠もった天岩戸《あまのいわと》をこじ開けた神である。彼が投げ飛ばした天岩戸が戸隠山に落ちたと伝えられており、霊山として信仰される由縁になっている。ほかにも、中社には天岩戸を開く策を考案したオモイカネ、火之御子社には天岩戸の前で踊ったアメノウズメなど、天岩戸神話にちなんだ神々が祀られている。

戦国期は武田信玄と上杉謙信の争いに巻き込まれ、戸隠は荒廃を余儀なくされた。再興したのは謙信の養子である上杉景勝で、江戸時代には徳川家康から社領1000石が寄進されて寛永寺の末寺になった。明治維新後は神社となり、現在に至っている。

奥社参道と隋神門
樹齢400年を超える杉並木が立ち並ぶ参道は、立春・立冬に太陽が並木の間をまっすぐに昇る。

天岩戸
戸隠神社は、アメノタヂカラオが投げ飛ばした天岩戸が飛来した地と伝えられる。

DATA

住所／長野県長野市戸隠3506
アクセス／JR信越本線「長野」駅からバスで約1時間

●阿蘇を開拓したタケイワタツ一族を祀る

阿蘇神社《あそじんじゃ》

熊本県

阿蘇神社は全国にある阿蘇神社の総本社で、阿蘇山の麓に鎮座している。社伝によると、神社の創建は7代孝霊天皇の代と伝えられる。主祭神のタケイワタツは初代神武天皇の孫で、阿蘇を開拓して九州全体を統治したといわれる。阿蘇神社にはタケイワタツのほか、子や孫、妃なども祀られており、総称して「阿蘇十二明神」とも呼ばれる。これに阿蘇山火口を御神体とする火山信仰、さらに肥後国一宮という格式が加わり、幅広い層から崇敬を集めてきた。

祭祀を司ってきたのは、タケイワタツ直系の阿蘇家である。中世には武士化したが戦国期の争乱で弱体化し、再び大宮司家に落ち着くことになった。現在も阿蘇家の当主が宮司職を務めており、現在の当主・阿蘇治隆《はるたか》氏は92代目にあたる。2階建ての楼門は「日本三大楼門」のひとつだが、2016年の熊本地震で拝殿とともに倒壊、神殿も損傷した。現在は復旧活動が行われ、2022年の再建完了を予定している。

楼門

高さ約18mにおよぶ楼門は二層楼山門式で神社では珍しい仏閣建築となっている。2016年の熊本地震で全壊、2022年に再建完了予定。

倒壊した建築物

2016年に発生した熊本地震によって国の重要文化財6棟を含む境内建築物の多くに甚大な被害を受けた。

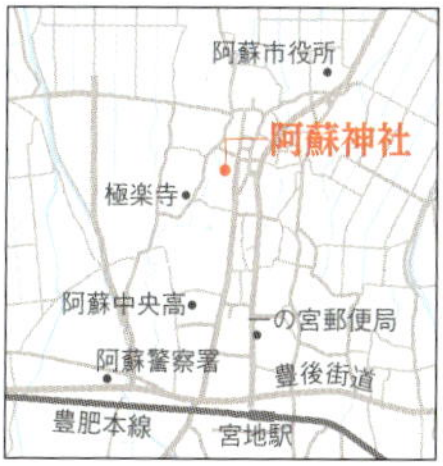

DATA

住所／熊本県阿蘇市一の宮町宮地3083-1
アクセス／JR豊肥本線「宮地」駅から徒歩約15分

等彌神社《とみじんじゃ》

社殿

鳥見山の西麓に鎮座する古社。鳥見山は初代神武天皇が皇祖神を祀った場所と伝えられ、山中には磐座（いわくら）などが残る。

住所／奈良県桜井市桜井1176

奈良県桜井市にある鳥見山《とみ》（標高約245メートル）は、初代神武天皇が大和平定と建国を皇祖神や天神《あまつかみ》に報告した場所（霊時《まつりのにわ》）と伝えられる。等彌神社は山の西麓に位置し、創建年代は不詳だが、明治時代までは「能登宮《のとのみや》」と呼ばれた。上社の上津尾社と下社の下津尾社からなり、上社ではアマテラス、下社では春日大神と八幡大神を祀る。

元文元年（1736）には下津尾社の敷地内から土偶が発掘された。鳥のようにも、人間のようにも見える形状は、古代の信仰を今に伝える。

彌彦神社《いやひこじんじゃ》

神門と参道
彌彦神社は弥彦山を御神体とする神社で、山頂には祭神のアメノカグヤマとその妃の廟がある。

住所／新潟県西蒲原郡弥彦村弥彦2887－2

「おやひこさま」と呼ばれ、最古の和歌集『万葉集』でも詠まれた古社である。『延喜式《えんぎしき》』神名帳《じんみょうちょう》には「伊夜比古《いやひこ》神社」の名で登場する。越後平野の中央にある標高約634メートルの弥彦山を御神体とし、山頂には奥宮がある。主祭神のアメノカグヤマはアマテラスの曾孫で、地元民に稲作や養蚕、製塩などの技術を教え、越後の文化・産業の発展に貢献したと伝えられる。武家からの信仰も篤く、源義家や上杉謙信の武具が社宝として納められているほか、江戸時代には越後高田藩主の松平忠輝が500石を寄進した。

枚岡神社《ひらおかじんじゃ》

本殿

4神を祀る4つの神殿が並ぶ。枚岡神社は元春日と呼ばれ、奈良県の春日大社に2神が分霊された。

住所／大阪府東大阪市出雲井町7-16

社伝によると、初代神武天皇が即位する3年前に創建されたとされる。主祭神のアメノコヤネは、アマテラスが天岩戸《あまのいわと》に隠れたとき、岩戸の前で祝詞《のりと》を唱えた神である。中臣《なかとみ》氏（藤原氏）の祖神でもあり、650年には一族によって現在地に遷座された。藤原氏の氏神を祀る春日大社が創建された際に祭神2柱が分霊されたことから、枚岡神社は「元春日」とも称される。社殿は何度も焼失の憂き目に遭ったが、そのたびに再建されてきた。現在の社殿は、文政9年（1826）に造営されたものである。

多坐弥志理都比古神社《おおにますみしりつひこじんじゃ》

社殿
『古事記』を編纂した太安万侶（おおのやすまろ）を輩出した多氏の氏神で、４神を４つの神殿に祀る。

住所／奈良県磯城郡田原本町多字宮ノ内569

　奈良県田原本町にある神社で、一般には「多《おお》神社」と呼ばれている。社伝によると、２代綏靖《すいぜい》天皇の代に創建されたと伝わる。祭神は神武・綏靖の両天皇とタマヨリヒメ、そして綏靖天皇の同母兄カンヤイミミ。『日本書紀』によると、兄のカンヤイミミは綏靖天皇に皇位を勧め、自身は天皇の補佐役となったと伝えられる。その子孫の多氏はヤマト王権で活躍し、阿蘇神社の宮司を務める阿蘇氏も多氏の末裔とされている。本殿の後方には「神武塚」と呼ばれる小丘があり、古代の祭祀遺跡もしくは古墳と考えられている。

第3章 ヤマト王権の創成期

実在する初代天皇、つまりヤマト王権の大王《おおきみ》については諸説あるが、そのひとつに10代崇神《すじん》天皇が挙げられる。『日本書紀』には、崇神天皇とその次の垂仁《すいにん》天皇の時代に大和（奈良県）の纏向《まきむく》に宮があった記述があり、実際に纏向遺跡からは規

則正しく並ぶ巨大建造物跡が発見された。最古の神社のひとつといわれる大神《おおみわ》神社やヤマト王権の武器庫と考えられる石《いその》上《かみ》神宮が創建されたのも崇神天皇の代だ。また初期ヤマト王権成立時に何らかの武力征討があったことをうかがわせるように、記紀には崇神天皇が全国の4方面に四道《しどう》将軍を派遣した記述があり、これにまつわる神社も各地に創建されている。

三輪山からの眺望
崇神天皇によって創建された大神神社のある三輪山からは宮があった纒向の地が一望できる。

原始信仰が残る日本最古の神社

大神神社《おおみわじんじゃ》

奈良県

大神神社は標高約467メートルの三輪山を御神体とする神社で、本殿を持たない。山麓にある拝殿奥の三ツ鳥居を通して三輪山を遥拝する。原始神道の形態が残る、日本最古の神社のひとつである。三ツ鳥居は3つの明神鳥居をひとつに組み合わせた特殊な形状で、成立年や由来は明らかになっていない。

御神体である三輪山は、かつて

は厳しい入山規制がしかれていた。現在は許可を得れば入山できるが、飲食や撮影は禁止されている。山頂や中腹には磐座《いわくら》とされる巨石群があり、2時間程度で登下山できる。

主祭神は、オオクニヌシの幸《さき》魂《みたま》・奇魂《くしみたま》（人に幸を与える神）であるオオモノヌシである。『古事記』によると、出雲のオオクニヌシの前にオオモノヌシが現れ、三輪山に祀られることを望んだ。その後、オオモノヌシはオオクニヌシの国づくりに協力し、国土開発の神として祀られたとされる。

拝殿
拝殿は三ツ鳥居とともに国の重要文化財。三輪山を御神体とするため、本殿がなく社殿は拝殿のみとなる。

三輪山
標高約467mの円錐形の山で、記紀には、御諸山（みもろやま）、美和山、三諸岳（みもろだけ）と記される。

また、『古事記』には次のような記述もある。10代崇神《すじん》天皇の代に疫病が大流行し、多くの人命が失われた。崇神天皇は相次ぐ災厄に頭を悩ませていたが、ある日、崇神天皇の叔母ヤマトトトヒモモソヒメに憑依したオオモノヌシが「世が乱れているのは我が意志によるものである。オオタタネコという人物に自分を祀らせれば、国は安らかになるだろう」と告げた。そこでオオタタネコにオオモノヌシを三輪山に祀らせたところ、疫病が収まって世は安寧を取り戻したという。

三輪山の周辺には多くの古墳群があり、ヤマト王権初期の政治の中心地だった。大神神社の北西にある纒向《まきむく》遺跡は前方後円墳発祥の地とされており、この地に君臨した崇神天皇は実在性の高い最初の天皇といわれる。

ちなみに、ヤマトトトヒモモソヒメはオオモノヌシの妻となったが、小蛇の姿で現れた夫神の姿を見て驚いてしまう。恥をかいたオオモノヌシは三輪山へ帰還し、ヤマトトトヒモモソヒメは腰を落とした際に箸《はし》が陰部を突いて亡くなった。彼女は纒向遺跡にある箸墓《はしはか》古墳に葬られたとされるが、箸墓古墳は邪馬台国《やまたいこく》の女王・卑弥呼《ひみこ》の墓ともいわれる。

檜原（ひばら）神社

八咫鏡（やたのかがみ）が祀られた「元伊勢」とされる。大神神社拝殿にもある三ツ鳥居は「古来一社の神秘なり」と伝えられる。

箸墓古墳

３世紀末から４世紀初頭の前方後円墳。７代孝霊天皇の皇女の墓と比定されているが、卑弥呼の墓とする説もある。

DATA

住所／奈良県桜井市三輪1422
アクセス／JR桜井線「三輪」駅から徒歩約5分

石上神宮《いそのかみじんぐう》

古代軍事氏族・物部氏の氏神を祀る

奈良県

石上神宮の主祭神であるフツノミタマは、初代神武天皇が東征の際に授かった霊剣「フツノミタマ」の神霊とされる。橿原《かしはら》神宮で即位した神武天皇は宮中で霊剣を祀ったが、このとき奉祀を担当したのが物部《もののべ》氏の祖であるウマシマジである。

その後、10代崇神《すじん》天皇の代にフツノミタマが石上布留高庭《ふるのたかにわ》へ遷座されたが、これが石上神宮の起源とされている。物部氏は氏神として引き続き奉祀したが、軍事氏族だったことからヤマト王権の武器庫としても利用されていたといわれる。

石上神宮の社宝は武具類が多く、なかでも考古学的に貴重なのが「七支刀《しちしとう》」である。朝鮮半島の百済《くだら》が倭国に献上したものとされており、謎が多い4世紀の日本を知る貴重な手がかりになっている。物部氏は蘇我氏との争いに敗れて没落したが、40代天武《てんむ》天皇の代に石上姓に改めて復活を遂げる。石上氏の一族は石上神宮の祭祀も務めたが、平安時代に入ると徐々に衰退していった。

社殿

拝殿は永保元年（1081）に宮中の神嘉殿を寄進されたもので国宝。後方の本殿との間の土中に、御神体のフツノミタマが祀られていた。

摂社 出雲建雄神社

天武天皇の代に創建され、草薙剣（くさなぎのつるぎ）の神霊を祀る。拝殿は国宝に指定されている。

DATA

住所／奈良県天理市布留町384
アクセス／近鉄天理線「天理」駅から徒歩約30分

ヤマトオオクニタマを祀る古社

大和神社《おおやまとじんじゃ》

奈良県

大和神社の祭神であるヤマトオオクニタマは、元々はアマテラスと並び立つ存在だった。宮中で一緒に祀られていたが、『日本書紀』には10代崇神《すじん》天皇の代に遷座されたことが記されている。神威を畏れた崇神天皇は、アマテラスを笠縫邑《かさぬいむら》に、ヤマトオオクニタマをヌナキイリビメに託して大市の長岡岬にそれぞれ奉遷させた。ところが、ヌナキイリビメは髪が抜け落ち、身体がやせ衰え、祭祀ができなくなってしまう。結局、オオモノヌシの神託を受けてイチノシノナガオチを祭主に定め、ヤマトオオクニタマを祀る大和神社が創建されたとされる。

古代の大和神社は伊勢神宮に次ぐ社領を有し、朝廷からも篤く信仰されてきた。692年には、41代持統天皇が藤原京の造営にあたって、伊勢・住吉・紀伊の神とともに大和神社に奉幣してお伺いを立てている。中世以降は衰退したが、昭和の時代には戦艦「大和《やまと》」の守護神になっている。境内には、艦隊の戦没者が合祀された祖霊社もある。

社殿

崇神天皇の代に宮中から遷座された。本殿は３つあり、３神を祀る。

戦艦大和ゆかりの碑

世界最大の戦艦だった大和には、艦内神社として大和神社の分霊が祀られていた。

DATA

住所／奈良県天理市新泉町306

アクセス／JR桜井線「長柄」駅から徒歩約7分

鬼も退治した吉備国の英雄を祀る

吉備津神社《きびつじんじゃ》

岡山県

10代崇神《すじん》天皇はヤマト王権の支配域を拡げるため、北陸・東海・西道（山陽道）・丹波に四道《しどう》将軍を派遣した。そのなかで、西道の鎮撫を命じられたのが7代孝霊天皇の子オオキビツヒコである。

吉備を平定したオオキビツヒコは中山の麓の茅葺宮《かやぶきのみや》で暮らし、281歳で亡くなったとされる。その後、16代仁徳《にんとく》天皇が吉備国へ行幸した際に社殿を創建したが、これが吉備津神社の起源とされる。当初は吉備国の総鎮守だったが、吉備国が備前・備中・備後・美作《みまさか》に分割されると備後国の一宮になっている。オオキビツヒコの末裔は吉備氏として繁栄し、ヤマト王権と協力して統一国家の樹立に貢献した。奈良時代に活躍した吉備真備《まきび》も吉備氏出身で、最終的には右大臣まで出世している。

オオキビツヒコは、3人の家来とともに温羅《うら》という凶暴な鬼族を退治したという伝承もあり、これは昔話『桃太郎』のモデルになっている。

本殿

入母屋造の屋根を前後に2つ並べた独特な比翼入母屋造で、吉備津造と称される。国宝。

回廊

全長約360mに及ぶ回廊の途中には、吉備津神社最古の建築物である南随神門がある。

DATA

住所／岡山県岡山市北区吉備津931
アクセス／JR吉備線「吉備津」駅から徒歩約10分

伊佐須美神社《いさすみじんじゃ》

参道

崇神天皇の代に四道将軍の一人によって創建された。明神ヶ岳山頂には奥宮がある。

住所／福島県大沼郡会津美里町宮林甲4377

10代崇神《すじん》天皇が全国4方面に派遣した四道《しどう》将軍のうちのオオヒコとタケヌナカワワケが創建したのが伊佐須美神社である。2神は父子で、父のオオヒコは北陸へ、子のタケヌナカワワケは東海へ派遣され、やがて「相津」という地で再会した。このことから「会津」という地名が生まれたともいわれる。父子は相津にヤマトの農耕技術や先進文化を伝え、イザナギとイザナミを祀った。これが伊佐須美神社の起源とされる。29代欽明天皇の代の560年に社殿が現在地に造営され、会津の総鎮守として歴代の領主から崇敬された。

高鴨神社《たかかもじんじゃ》

本殿

鴨長明や賀茂真淵を輩出した賀茂氏の氏神で、
本殿は国の重要文化財に指定されている。

住所／奈良県御所市鴨神１１１０

高鴨神社は全国の鴨（賀茂・加茂）神社の総本社でアヂシキタカヒコネを祀り、鴨（賀茂）氏が氏神として祭祀を行ってきた。社伝によると、鴨氏は八咫《やた》烏《がらす》に化身して初代神武天皇の大和入りを助けたカモタケツヌミを始祖とする氏族で、一族の娘は神武・綏靖《すいぜい》・安寧《あんねい》の3天皇の后となったと伝えられる。

鴨氏の一族は奈良盆地に進出し、葛城川の岸辺には鴨都波《かもつば》神社を、東持田には葛木御歳《かつらぎみとし》神社を創建した。以前は高鴨神社を上鴨社、葛木御歳神社を中鴨社、鴨都波神社を下鴨社と呼んでいた。

●熊野川を信仰した「熊野三山」の中枢

熊野本宮大社《くまのほんぐうたいしゃ》

和歌山県

世界遺産に登録された「紀伊山地の霊場と参詣道」の構成資産に含まれる熊野本宮大社は、かつては「熊野坐神社《くまのにますじんじゃ》」と呼ばれ、全国にある熊野神社の総本社である。自然に恵まれた熊野はさまざまな信仰を生み、熊野本宮大社は熊野川を御神体として祀ってきた。もともとの社殿は「大斎原《おおゆのはら》」と呼ばれる熊野川の中洲にあったが、1889年の大洪水で流失した後は現在の丘陵地に移築・再建されている。

文献などでは鎮座の年代は明らかではないが、社伝によると、初代神武天皇の東征前にはすでに鎮座していたといわれている。そして『皇年代略記』や『神社縁起』には、社殿が10代崇神《すじん》天皇の代に創建されたことが記されている。

スサノオと同体とされる主祭神のケツミミコは、造船の技術を伝えて外国との交易を説いたことから「船玉大明神《ふなたまだいみょうじん》」とも称せられている。古くから船頭や水夫からの崇敬を受けた。熊野水軍が発達して瀬戸内海の制海権まで掌握したのもこの神によるとされる。

社殿

明治22年（1889）に洪水によって流され、遷座した際に社殿も移築された。本殿3棟には4神が祀られ、国の重要文化財。

大斎原（おおゆのはら）

明治22年（1889）の洪水によって流され遷座されるまでの旧社地で、現社地から徒歩10分ほど。

DATA

住所／和歌山県田辺市本宮町本宮1110
アクセス／JR紀勢本線「新宮」駅からバスで約90分

石川県

●神々を率いて能登半島を平定した神

氣多大社《けたたいじゃ》

能登《のと》半島の付け根に位置する氣多大社は、氣比神宮と彌彦神社の中間に位置する神社である。社伝によると、8代孝元天皇の代にオオナムチ（オオクニヌシ）が出雲から300余りの神々を率いて大蛇などを退治し、海路を開いたといわれる。その後、オオナムチはこの地で祀られた。敦賀の氣比《けひ》神宮から越後の彌彦《いやひこ》神社までの地域は「越《こし》」と呼ばれ、四《し》道《どう》将軍のオオヒコが派遣されるまでは、諸豪族がそれぞれの地域を支配していた。古代の日本海地域はヤマト王権の勢力が十分に及ばず、畿内とは一線を画した独自の文化が育まれてきたことを表しているともいえる。

氣多大社は北陸の大社として名高く、歴代の加賀藩主からも崇敬されてきた。奈良時代の歌人・大伴家持《おおとものやかもち》も越中《えっちゅう》国司に任じられた際に参詣し、そのときに詠んだ歌が『万葉集』に残っている。また、境内の奥手には手つかずの原生林が広がっている。古来より神域として人の出入りが禁止されてきたことから、「入らずの森」と呼ばれている。

社殿

出雲から300余神を引き連れてきたオオナムチを祀る。拝殿と本殿は国の重要文化財に指定されている。

入らずの森

ヤマタノオロチを退治したスサノオとクシナダヒメの気が満ちている森とされ、古くは神域として一般の人の立ち入りが禁じられていた。

DATA

住所／石川県羽咋市寺家町ク1-1
アクセス／JR七尾線「羽咋」駅からバスで約10分

白山《しらやま》比咩《ひめ》神社《じんじゃ》

社殿

10代崇神天皇の代に白山の遥拝地に創建された。白山山頂には奥宮が鎮座している。

住所／石川県白山市三宮町二105-1

白山比咩神社は全国にある白山《はくさん》神社の総本社で、石川県・岐阜県・福井県にまたがってそびえる標高約2702メートルの白山《はくさん》を御神体として崇めている。山頂には奥宮が鎮座し、標高約2450メートル地点の室堂平には祈祷殿がある。白山は、古来より霊山として信仰されてきた。生活に不可欠な「命の水」を供給してくれることから、白山は聖域として入山が禁じられていた。しかし、養老元年（717）に泰澄《たいちょう》上人が開山してからは修験《しゅげん》道場が開かれ、白山信仰が全国に広がるきっかけになった。

日吉大社《ひよしたいしゃ》

東本宮本殿

日吉大社は西本宮と東本宮、５つの摂社からなり、両本宮の本殿は国宝に指定されている。

住所／滋賀県大津市坂本5-1-1

全国の日吉・山王《さんのう》・日枝《ひえ》神社の総本山で、東西2つの本宮と5つの摂社からなる。西本宮の祭神であるオオナムチ（オオクニヌシ）は、大津京遷都の際に三輪山の大神《おおみわ》神社から勧請されたものである。一方、東本宮の祭神であるオオヤマクイは比叡山の守護神として崇敬されている。創建は10代崇神《すじん》天皇の代とされており、自然発生的な神体山信仰の面影を今に残す。比叡山延暦寺が近いことから、最澄が開いた天台宗は山岳信仰と結びつき、日吉大社は「山王権現」とも称され、山王信仰が発展していった。

古代を歩く

「空白の四世紀」につくられた最古の官道

山《やま》の辺《べ》の道《みち》

古代の武器庫　**石上神宮**

10代崇神天皇によって創建された神社。ヤマト王権の武器庫的な役割があった地とする説がある。

最初期のヤマト王権があった三輪山の山麓には、記紀に記された「山の辺の道」があった。この道は最古の官道（国道）といわれ、長い歴史の中で正確な道筋はわからなくなったが、海柘榴市《つばいち》から三輪山、12代景行天皇陵、10代崇神《すじん》天皇陵、そして古代の武器庫とされる石上《いそのかみ》神宮へのルートと考えられている。

現在も多くの史跡が残り、ヤマト王権が誕生した「空白の四世紀」の繁栄の名残を感じることができる。

天理駅

↓ 徒歩 25分

石上神宮

↓ 徒歩 30分

夜都伎神社

↓ 徒歩 25分

手白香皇女衾田陵

↓ 徒歩 15分

崇神天皇陵

↓ 徒歩 10分

景行天皇陵

↓ 徒歩 30分

相撲神社

↓ 徒歩 10分

檜原神社

↓ 徒歩 15分

狭井神社

↓ 徒歩 10分

大神神社

↓ 徒歩 25分

桜井駅

春日大社との
関係が深い

夜《や》都《と》伎《ぎ》神社

春日神社とも呼ばれる古社で創建年は不明。ヤマト王権で祭祀を司った中臣氏の守護神を祀る。

継体天皇の皇后の陵墓

手《た》白香《しらか》皇女《のひめみこ》衾田《ふすまだ》陵《のみささぎ》

西殿塚古墳とも呼ばれ、墳丘長は約230m。3世紀末から4世紀前半に築造された。

10代崇神天皇の陵墓
崇神天皇陵

行燈山（あんどんやま）古墳とも呼ばれ、墳丘長は約242m。崇神天皇は、実在した最初の天皇とも考えられている。

ヤマトタケルの父の墓
景行天皇陵

渋谷向山（しぶたにむかいやま）古墳とも呼ばれ、墳丘長は約300m。4世紀の古墳としては日本最大のものである。

八咫鏡が
祀られた元伊勢

檜原《ひばら》神社

三輪山にあり、崇神天皇の時代に八咫鏡（やたのかがみ）を御神体とするアマテラスが皇居を出た後に最初に祀られた地とされる。

万病に効く神水が湧く

狭井《さい》神社

大神神社の摂社で、狭井と呼ばれる井戸の水は、古くより薬水として万病に効くとする信仰がある。

日本初の
天覧相撲の地
相撲神社

11代垂仁（すいにん）天皇の時代に、野見宿禰（のみのすくね）と大麻蹴速（たいまのけはや）が天皇の前で初めて相撲をとった地と伝えられる。

日本最古の神社といわれる
大神《おおみわ》神社

三輪山を御神体とするため本殿がなく、古代の信仰形式を残している。日本最古の神社ともいわれる。

第4章

初期ヤマト王権の時代

まだ国内が安定していない初期ヤマト王権は、新興国家特有の行動を示す。その代表的な例が記紀に描かれた英雄・ヤマトタケルだ。九州から関東まで、従わない地方豪族をことごとく武力で平定したとされる。その足跡地には神社が創建されている。またヤマト王権は積極的に海外にも進出する。中国の吉林省に残る好太王碑《こうたいおうひ》には、３９１年に倭軍が百済《くだら》と新羅《しらぎ》を攻めて臣下とし、また４０４年にも朝鮮半島を攻めたことが記されている。記紀には14代仲哀《ちゅうあい》天皇の妃である神功《じんぐう》皇后が神託によって三韓征討を行ったという記述があり、皇后が進んだ足跡地には海上安全のための神社が数多く創建された。

神功皇后の三韓征討
神宮徴古館 蔵
仲哀天皇の急逝によって、神功皇后は朝鮮半島遠征の指揮をとり、帰国後に15代応神天皇を出産したと伝えられる。

三重県

アマテラスを祀るもっとも格式が高い神社

伊勢神宮《いせじんぐう》

全国に8万社ある神社を包括する神社本庁から「本宗《ほんそう》（最も尊い特別な神社）」とされ、神社の中心的存在である伊勢神宮。江戸時代には庶民の間でお伊勢参りが大流行したが、もともとは皇室の祖神であるアマテラスを祀る「天皇のための神社」だった。アマテラスを祀る内宮《ないくう》（皇大神宮）とトヨウケを祀る外宮《げくう》（豊受大神宮）をはじめ125の宮社からなる。

創建年代については諸説あるが、『日本書紀』には、11代垂仁《すいにん》天皇の皇女ヤマトヒメがアマテラスの鎮座地を求めて各地を巡り、最終的に伊勢に至ったことが記されている。その後、壬申《じんしん》の乱に勝利した40代天武《てんむ》天皇が伊勢神宮を崇敬し、もっとも格式が高い神社になった。天皇以外の奉幣は禁止され、皇族女性が天皇に代わって奉仕する斎宮《さいくう》の制度も整えられた。

アマテラスは八百万の神々の頂上に立つ至上神だが、そんな重要な神が大和から離れた

内宮 正宮（しょうぐう）
アマテラスを祀る正殿を中心にして、瑞垣・内玉垣・外玉垣・板垣の四重の垣根がめぐらされている。

伊勢の神宮鎮座の図
神宮徴古館 蔵
伊勢神宮はヤマトヒメの30年以上の旅の末に現在の地に創建された。

伊勢に祀られるようになったのはなぜなのか。さまざまな説があるが、東方経略を推し進めるために海陸交通の要所だった伊勢を選んだともいわれている。

7世紀後半は古墳祭祀の文化が終末期を迎えていたが、天武天皇と后の41代持統天皇によって神社祭祀の文化が興った時代でもあった。天皇即位の重要な儀式である大《だい》嘗祭《じょうさい》の形式を定めたのも、天武天皇の代だったとされる。また、アマテラスは伊勢で祀られていた地方神で、それを天武天皇が最高神まで引き上げたという説もある。

伊勢神宮では20年に一度、社殿を建て替える式年遷宮が行われている。建物だけでなく、装束や調度品も一新される。持統天皇が即位した690年に始まり、何度か中断を挟んで現在まで続いているが、これは伊勢神宮を権威づける狙いがあったともいわれている。

外宮 正宮

食物を司るトヨウケが祀られ、御饌殿（みけでん）では毎日朝夕にアマテラスや神々に食事を供える祭事が行われる。

伊勢大神宮遷御之図

20年に一度、式年遷宮が行われる。神職が長い列をなして旧社殿から新社殿に神霊が遷される。

DATA

住所・アクセス／
内宮　三重県伊勢市宇治館町1　JR参宮線「伊勢市」駅からバスで約10分
外宮　三重県伊勢市豊川町279　JR参宮線「伊勢市」駅から徒歩約5分

神剣「草薙剣」を熱田大神として祀る

熱田神宮《あつたじんぐう》

愛知県

熱田神宮は、三種の神器のひとつである草薙剣《くさなぎのつるぎ》を御神体としており、伊勢神宮に次ぐ社格を誇る。御神体の草薙剣は、スサノオがヤマタノオロチを退治したときに尾から出てきたとされる剣で、アマテラスへ献上されたのちにニニギに託されて地上に降ったと伝えられている。

12代景行天皇の第2皇子として生まれたヤマトタケルは、父の命

で九州や東国に遠征した古代の英雄として記紀に登場する。ヤマトタケルは東国へ赴く際、伊勢神宮で叔母のヤマトヒメよりスサノオ伝来の剣を授かった。東征の最中、火攻めに遭ったとき、この剣で草をなぎ払って窮地を脱したことから、「草薙剣」と呼ばれるようになったといわれる。

ヤマトタケルは統一王権の樹立に貢献した英雄だが、一方で、遠征地が広範囲に及ぶことから実在性を疑う声もある。「タケル」は武勇に優れた人物に与えられる称号であり、「ヤマトタケル」は各

社殿
三種の神器のひとつ・草薙剣を祀る本殿を中心に、外玉垣・内玉垣・瑞垣の垣根がめぐらされている。

ヤマトタケル　神宮徴古館 蔵
火攻めにあったヤマトタケルは神剣で草をなぎ払い難局を乗り切り、以降、この剣は草薙剣と呼ばれるようになった。

地を平定した歴代の将軍たちを1人の英雄としてモデル化したものとも考えられている。

東征を成し遂げたヤマトタケルは、大和への帰還途中で尾張に立ち寄り、尾張氏の娘であるミヤズヒメを妃とする。その後、草薙剣を持たずに伊吹山《いぶきやま》の邪神退治に赴いた際に、病にかかって亡くなってしまった。ミヤズヒメは夫が置いていった草薙剣を熱田の地に祀った。これが熱田神宮の創祀とされている。

その後、草薙剣は盗難の被害に遭ったことから、宮中で保管されるようになったが、40代天武《てんむ》天皇が病に倒れると草薙剣の神威をおそれて再び熱田神宮へ戻された。中世以降は武家からも信仰され、織田信長は桶狭間の戦いの前に戦勝を祈願して勝利を収めている。

別宮八剣宮

和銅元年（708）に43代元明天皇の命によってつくられた神剣を祀るために創建された。

大楠

手水舎の近くにある樹齢約1000年にもなる大木で、弘法大師のお手植えとも伝えられる。

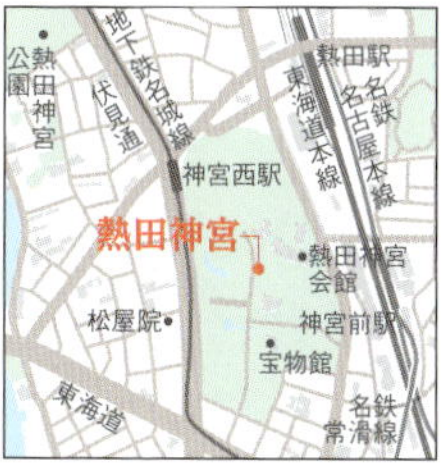

DATA

住所／愛知県名古屋市熱田区神宮1-1-1
アクセス／名古屋市営地下鉄名城線「神宮前」駅から徒歩約3分

社殿

本殿は円墳・尾張戸神社古墳の上にあり、境内にある中社、南社も別の古墳上にある。

尾張戸神社《おわりべじんじゃ》

住所／愛知県名古屋市守山区大字志段味字東谷2099、愛知県瀬戸市十軒町845

東谷山《とうごくさん》の頂《いただき》に鎮座する尾張戸神社は、ヤマトタケルの妃だった尾張氏出身のミヤズヒメの勧請で創建された。「熱田の奥の院」とも称される同神社では、尾張氏の祖神とされるアマノホアカリなど3柱の神を祭神として祀る。また、神社周辺には多数の古墳があり、これらは尾張氏の一族の墓と伝えられる。熱田神宮の大宮司を代々務めた尾張氏は、天皇家とも結びつきが深かった古代氏族である。壬申《じんしん》の乱では挙兵した大海人《おおあま》皇子（40代天武《てんむ》天皇）に協力し、軍資金を提供するなどして勝利に貢献した。

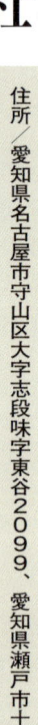

土師神社《どしじんじゃ》

社殿

相撲の祖ともされる野見宿禰を祀り、境内には土師の辻（相撲辻）と呼ばれる土俵がある。

住所／群馬県藤岡市本郷１６４

古墳造営や葬送儀礼などに携わった古代氏族である土師《はじ》氏の氏神とされる神社で、祖神である野見宿禰《のみのすくね》を祀る。野見宿禰は11代垂仁《すいにん》天皇に仕え、古墳に生きた人を埋める代わりに埴輪《はにわ》を埋めることを提案し、その功績で土師姓を与えられたと伝えられる。宿禰は怪力として名を馳せた当麻蹴速《たいまのけはや》を角力《すもう》（相撲）で倒したことから相撲の神としても名高い。神社境内には「土師の辻」と呼ばれる相撲用の壇がある。これは「日本三辻」のひとつで、残りの２つは大阪府の住吉大社と石川県の羽咋《はくい》神社にある。

●武蔵国内の神々を合祀した総社

大國魂神社《おおくにたまじんじゃ》

東京都

社伝によると、12代景行天皇の代に神託があり、オオクニヌシを祭神として創建された。最初は畿内の小国連合の中枢にすぎなかったヤマト王権だが、その勢力は徐々に拡大して関東地方にまで及ぶようになる。現在の東京都・埼玉県・神奈川県の一部にまたがった武蔵国もそのひとつで、出雲族が武蔵国造《くにのみやつこ》として派遣され祭祀を行った。

かつて、行政の長である国司は任国内の神社を一宮から順に巡拝していった。しかし、645年の乙巳《いっし》の変後は国内の神を合祀した総社を設け、まとめて祭祀できるようにした。大國魂神社は武蔵国の総社で、6社(小野大神・小河大神・氷川大神・秩父大神・金佐奈《かなさな》大神・杉山大神)が合祀されたことから「六所宮」とも呼ばれる。

毎年5月5日に行われる例大祭(くらやみ祭)は、武蔵国の国府で行われた国府祭を起源とする祭事である。以前は神霊が遷った神輿を暗闇のなかで渡御《とぎょ》していたが、現在は夕刻に行われている。

社殿

拝殿の奥にある本殿の三殿一棟の構造は、ほとんど例がない独特なものである。

隋神門

前面に随神像、後面にエビス・ダイコクが収められている。2011年に改築された。

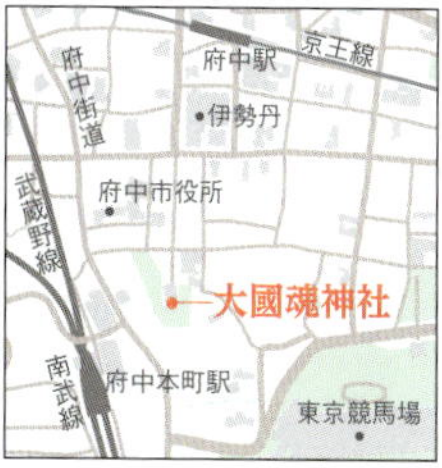

DATA

住所／東京都府中市宮町3-1
アクセス／京王電鉄京王線「府中」駅から徒歩約5分

神功皇后によって創建された航海の守護神

住吉大社《すみよしたいしゃ》

大阪府

全国に約2300社ある住吉神社の総本社で、地元では「すみよっさん」の愛称で親しまれている住吉大社。祭神のソコツツノオ、ナカツツノオ、ウワツツノオは「住吉三神」と称され、イザナギが黄泉《よみ》の国から戻って禊《みそぎ》をしたときに生まれたとされる。

住吉大社の創建と大変関わりが深いとされるのが、14代仲哀《ちゅうあい》天皇の妃・神功《じんぐう》皇后である。三韓征討を終えて大和へ戻る途中、神功皇后は住吉三神から「わが魂を大津の渟中倉《ぬなくら》の長峡《ながお》に居らしめれば、往来する船の安全を見守ることにしよう」と告げられる。帰還後、神功皇后が住吉の地に三神を祀ったのが住吉大社の起源とされており、後に神功皇后も祭神として祀られている。

神功皇后の航海を安全に導き、さらに神功皇后の孫にあたる16代仁徳《にんとく》天皇が住吉津に港を開いたことから、住吉大社は航海の守護神として崇められている。遣隋使や遣唐使が派遣された際も、まずは住吉大社で渡航の無事を祈願したといわれる。

本殿

第1から第4本宮まであり、神社最古の建築様式のひとつである住吉造。いずれも国宝に指定されている。

イザナギの禊（みそぎ）

黄泉の国から戻ったイザナギが死の穢れを祓う禊を行い、住吉三神が生まれた。

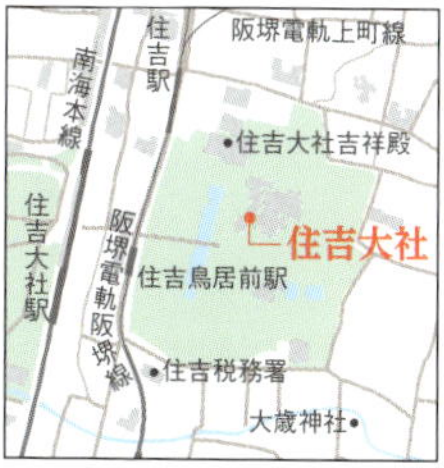

DATA

住所／大阪府大阪市住吉区住吉2-9-89
アクセス／南海鉄道南海本線「住吉大社」駅から徒歩約3分

●幻想的な光の道が海岸へと続く

宮地嶽神社《みやじだけじんじゃ》

福岡県

標高約180・7メートルの宮地嶽の山麓に鎮座する宮地嶽神社は、社から海岸へ続く参道が有名である。季節によっては、神社と参道、夕日が縦一直線につながり、日が沈みゆく光景は、時代を越えて多くの人々を魅了している。

社伝によると、宮地嶽神社の創建は約1700年前。神功《じんぐう》皇后が三韓征討へ出発する前に登頂し、山頂から大海原を望む場所に祭壇を設けたといわれる。その後、神功皇后を讃えて祭神として祀り、さらに随従の勝村大神・勝頼大神も合祀して「宮地嶽三柱《みはしら》大神」として祀っている。戦いに挑む前に祈願したことから、「何事にも打ち勝つ開運の神」として多くの人が信仰している。

宮地嶽神社には、長さ約11メートル、重さ約3トンの大注連縄《しめなわ》、直径約2・2メートルの大太鼓、約450キロの銅製の大鈴があり、この3つは日本有数の大きさを誇る。本殿の裏手にある宮地嶽古墳には国内最大級の横穴《おうけつ》式石室があり、古墳の内外から貴重な副葬品が出土している。そのため、古墳には高貴な人物が埋葬されたと考えられている。

光の道

2月と10月頃の夕日が沈む際、宮地嶽神社の参道から海岸までの直線上が照らされ「光の道」となる。

DATA

住所／福岡県福津市宮司元町7-1
アクセス／JR鹿児島本線「福間」駅からバスで約5分

神功皇后が亡き夫のために廟を建てた

香椎宮《かしいぐう》

福岡県

ヤマトタケルの子である14代仲哀《ちゅうあい》天皇とその妃・神功《じんぐう》皇后を祀る神社である。

仲哀天皇は、九州の熊襲《くまそ》を討つために橿日宮《かしいのみや》（香椎）という仮宮を置いた。香椎宮はこの仮宮があった地と伝えられる。仲哀天皇は「熊襲よりも、まずは新羅《しらぎ》を討て」という神託に従わなかったために急逝してしまう。神功皇后はその後神託に従って、三韓征討を行

い、帰国後に廟《びょう》を建立して夫の神霊を祀った。これが香椎宮の起源とされる。

境内には、神功皇后が植えたとされる御神木「綾杉」がそびえ立つ。樹齢１８００年以上とされており、杉の葉が交互に生える様子が織物の綾に例えられている。植樹の際には3種の神宝も一緒に埋め、国の平和を誓ったと伝わる。

本殿の北東には仲哀天皇の仮宮「橿日宮」の伝承地（古宮跡）がある。近くには皇后が夫の棺を立てかけた椎の木（棺掛椎《かんかけのしい》）もあり、芳しい香りが漂ったことから「香

本殿
内部は外陣・内陣・内々陣とあり、外陣の左右に獅子間がある独特な構造で国の重要文化財に指定されている。

神功皇后の三韓征討
仲哀天皇の急逝後、妃・神功皇后は三韓征討を行い、帰国後に15代応神天皇を産んだ。

椎」という地名が生まれたといわれる。

仲哀天皇の廟が建立されてから５００年以上経った44代元正《げんしょう》天皇の代の養老７年（７２３）、神功皇后の神託によって造営にかかり、神亀元年（７２４）に竣工、同地に神功皇后の廟も建てられた。両廟合わせて「香椎廟」と呼ばれ、皇室の宗廟として高い格式を誇ってきた。「香椎造」と呼ばれる独特な造りの本殿は享和元年（１８０１）に再建されたもの。明治に入ってから「香椎宮」と称されるようになった。

朝鮮半島に渡ったとき、神功皇后はお腹に子（15代応神天皇）を宿していた。しかし、「月延石《つきのべいし》」や「鎮懐石《ちんかいせき》」と呼ばれる卵形の石をさらしに巻いてお腹を冷やし、出産を遅らせた。これらの石は長崎県壱岐市の月讀《つきよみ》神社、京都府西京区の月読《つきよみ》神社、福岡県糸島市の鎮懐石八幡宮に奉納したといわれている。

応神天皇は、その後八幡神として信仰されるようになったため、香椎宮は八幡様の親神様ともいわれている。

綾杉

香椎宮の御神木で、神功皇后が三種の神宝を埋めた地に植えられたと伝えられる。

古宮跡

仲哀天皇の営んだ仮宮「橿日宮」の伝承地とされ、仲哀天皇の廟跡と伝えられる。

DATA

住所／福岡県福岡市東区香椎4-16-1
アクセス／JR香椎線「香椎神宮」駅から徒歩約4分

廣田神社《ひろたじんじゃ》

住所／兵庫県西宮市大社町7-7

社殿

拝殿の後ろにはアマテラスの荒魂を祀る本殿、左右に第1～4の脇殿2棟が鎮座している。

神功《じんぐう》皇后が広田の森にアマテラスの荒《あら》魂《みたま》を祀るために創建したとされる。三韓征討を終えて帰国の徒につくと、忍《おし》熊《くまの》皇子が反乱を起こしたことが知らされた。神功皇后は、迂回して難波《なにわ》を目指そうとするが海が荒れて進むことができなかった。そこでアマテラスから「わが荒魂を皇后に近づけるべからず。まさに心を広田国に居ますべし」という神託を受けた。神託の通りに祀ったところ、反乱を起こした忍熊皇子を征討できたことから、武運・勝運の神として、朝廷や武家から崇められてきた。

志賀海神社《しかうみじんじゃ》

遥拝所

志賀海神社は志賀島の南東にあり、海を一望できる。遥拝所には霊石の亀石がある。

住所／福岡県福岡市東区志賀島877

博多湾の北部に位置する志賀島《しかのしま》にある志賀海神社では、イザナギが禊《みそぎ》を行った際に生まれた綿津見《わたつみ》三神が祀られる。『筑前国風土記』逸文には、神功《じんぐう》皇后が三韓征討の際に志賀島へ立ち寄ったという記述がある。島一帯を本拠とする阿曇《あずみ》氏が神社の奉祀を代々務めてきた。三韓征討の際には阿曇磯良《いそら》が神功皇后から船の舵取りを依頼されたといわれる。志賀島は、大陸や朝鮮半島への出発点として重要な役割を果たしてきた。志賀海神社は博多湾の総鎮守として、海上交通を守護する存在として信仰されてきたのである。

住吉神社《すみよしじんじゃ》

社殿

海上交通を守護する住吉三神を祀り、境内の神池からは神鏡17面が発見された。

住所／長崎県壱岐市芦辺町住吉東触470

三韓征討から帰国した神功皇后《じんぐう》の命によって、臣下の安倍介麿《あべのすけまろ》が住吉三神を祀ったのが創建とされる。住吉三神は海上交通の守護神で、当初は神功皇后が足形を残したと伝わる御津浦《みつうら》に鎮座していたが、風浪が激しく、住吉三神から「波の音が聞こえない場所がよい」という神託があったことから現在地に遷された。壱岐島は対馬と九州の間に位置する交通の要衝で、大陸や朝鮮半島との交流を示す遺構が数多く発見されている。中国の歴史書『魏志』倭人伝にも「一大国（一支《いき》国《こく》）」が存在したことが記されている。

海神神社《かいじんじんじゃ》

社殿

対馬国一宮とされ、トヨタマヒメを祀る。神功皇后の八本の旗を納めたことから古くは八幡本宮と称された。

住所／長崎県対馬市峰町木坂２４７

三韓征討を終えて帰国した神功《じんぐう》皇后が、新羅《しらぎ》を鎮めた証として旗八流（８本の旗）を対馬の上県郡峰町に納めたのが海神神社の始まりである。その後、旗が現在の木坂山（伊豆山）に移されたことから、海神神社は「木坂八幡宮」と称されるようになった。朝鮮半島が目と鼻の先にある対馬は、古くから国境の島として重要な役割を果たしてきた。『魏志』倭人伝にも「対馬国」として記述が残っている。16代仁徳《にんとく》天皇の代には攻めてきた異国の軍船を、海神神社のある木坂山で起きた奇雲烈風が沈めたという伝承がある。

紀氏ゆかりの国で「木の神」を祀る

伊太祁曽神社《いたきそじんじゃ》

和歌山県

和歌山市にある伊太祁曽神社は、国中に樹木を植えてまわったイタケルを主祭神としている。イタケルはスサノオの御子神《みこかみ》で、スサノオが木種を播くように命じたと伝えられる。また、主祭神を祀る本殿の両側には脇殿があり、イタケルの妹神であるオオヤツヒメとツマツヒメを守り神として祀っている。

社伝によると、元々は日前神宮《ひのくま》・國懸神宮《くにかかす》の社地に祀られていたが、11代垂仁《すいにん》天皇の代に現在地に近い「亥《い》の森」へ遷座し、和銅6年（713）に現在地へ遷されたと伝えられる。木の神を祀っていることから、建築・林業関係者からの信仰が篤い。

古くは「木の国」と呼ばれた紀伊国は、紀氏《き》が国 造《くにのみやつこ》として威武をふるってきた。紀ノ川流域に形成された豊穣な農耕地帯を押さえ、さらに紀州沿岸から瀬戸内海におよぶ海人集団を掌握し、ヤマト王権では朝鮮半島での軍事・外交を担った。5世紀後半に活躍した紀大磐《きのおおいわ》は、朝鮮半島南部を掌握して自ら「神聖《かみ》」を名乗ったといわれる。

社殿
拝所の奥にある本殿にはイタケル、脇殿には妹神であるオオヤツヒメとツマツヒメが祀られている。

厄難除け木の俣くぐり
オオクニヌシに木の股をくぐらせて命を救った故事から、災難除けの御神徳があるといわれる。

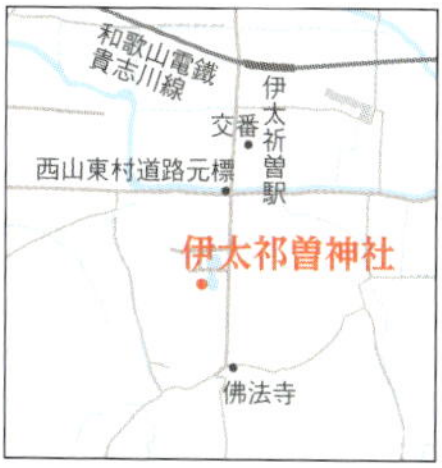

DATA

住所／和歌山県和歌山市伊太祈曽558
アクセス／和歌山電鐵貴志川線「伊太祈曽」駅から徒歩約5分

伊《い》奈《な》波《ば》神《じん》社《じゃ》

社殿
祭神のイニシキイリヒコは12代景行天皇の兄にあたり、800に渡る池溝を開拓するなどして活躍したと伝わる。

住所／岐阜県岐阜市伊奈波通り1－1

伊奈波神社の祭神であるイニシキイリヒコは11代垂仁《すいにん》天皇の長男で、『古事記』では父から武具を司ることを命じられた人物である。イニシキイリヒコが亡くなると12代景行天皇の命によって稲葉山に祀られたのが創建とされる。壬申《じんしん》の乱の際には大海人《おおあま》皇子（40代天武《てんむ》天皇）が、伊奈波神社で戦勝祈願したとも伝えられている。伊奈波神社が鎮座する美濃国は砂鉄の産地ということから製鉄文化が栄えたと伝えられており、ヤマト王権における東国の玄関口で、軍事的にも重要な場所だった。

山津照神社《やまつてるじんじゃ》

社殿

息長氏の祖神を祀る。境内からは前方後円墳が発見され鏡・埴輪・金銅製具・馬具・刀などが出土した。

住所／滋賀県米原市能登瀬３９０

神功《じんぐう》皇后の出身である息長《おきなが》氏一族の祖神クニノトコタチを祀って創建されたと伝えられる。クニノトコタチは天地開《かい》闢《びゃく》の際に出現した神である。鎮座地の滋賀県米原市にあたる近江国坂田郡は、古代氏族・息長氏の本拠地だったとされる。息長氏については文献に記述が少なく、どのような氏族だったのかはあまりわかっていない。山津照神社には本殿や拝殿のほか、全長約46・2メートルの山津照神社古墳がある。被葬者については諸説あるが、息長氏の実力者が葬られているとみられる。

出石神社《いずしじんじゃ》

参道
但馬国一宮で、新羅の王子アメノヒボコの八種の神宝を祀り、創建されたと伝わる。

住所／兵庫県豊岡市出石町宮内99

出石神社の祭神は、新羅《しらぎ》の王子アメノヒボコである。朝鮮半島の新羅は日本と関係が深く、王族も渡海してさまざまな影響を及ぼした。アメノヒボコは各地を遍歴したのち但馬国に定住したと伝えられる。当時の但馬国は未開の地だった。アメノヒボコは先進技術を駆使して開削・治水事業に取り組み、但馬地方を豊かな穀倉地帯に変えた。また、新羅から持参した8つの宝を但馬の地に残したが、これらは「出石八前大神《やまえのおおかみ》」として祀られている。新羅の神を祀る神社は、全国に50社以上ある。

伊曽乃神社《いそのじんじゃ》

拝殿

12代景行天皇の皇子タケクニコリワケの開拓地に創建され、アマテラスの荒魂を祀る。

住所／愛媛県西条市中野甲1649

伊予国第一の神社として崇敬されている伊曽乃神社は、12代景行天皇の皇子であるタケクニコリワケ（ヤマトタケルの兄弟）が創建したとされる。社伝によると、タケクニコリワケは国土開発の大任を帯びて伊予に赴任したが、その際にアマテラスを奉斎して皇威を広めたといわれる。その後、タケクニコリワケも合祀されて現在に至る。皇室ともゆかりが深く、8世紀には新羅《しらぎ》遠征の奉幣《ほうへい》祈願が行われ、また海賊平定の祈願も行われた。48代称徳《しょうとく》天皇の代にその功によって従四位下の神階に叙せられた。

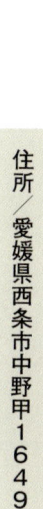

第5章 倭の五王の時代

初期ヤマト王権は「絶大な権力を持った王権」ではなく、各地の盟主的な存在だったが、その後の倭の五王の時代には中央集権化が進められ、国内は安定期に入った。倭の五王とは、中国の歴史書に記された5世紀から6世紀初頭の日本の大王《おおきみ》のことで、15～21代の7人の天皇のうちの5人と考えられている。この頃、ヤマト王権の本拠地は河内に移り、巨大な前方後円墳が建造された。古代における高度成長期ともいえる時代で、それまで祀られることが多かった武の神に対して、国土開拓などの神を祭神とする神社が多く創建される傾向があった。

仁徳天皇
神宮徴古館 蔵
16代仁徳天皇は倭の五王の1人と考えられ、陵墓とされる大仙古墳は世界最大の墳墓として知られる。

大山祇神社《おおやまづみじんじゃ》

●瀬戸内海の島に鎮座する伊予国の一宮

愛媛県

大山祇神社は、全国にある三島神社や大山祇神社の総本社である。創祀については諸説あるが、社伝によると、初代神武天皇の東征に先がけて四国に入ったオオヤマツミの子孫が大三島に勧請したとされる。境内にある樹齢2600年といわれる御神木の大楠は勧請の際に植えられたと伝えられており、息を止めて3周すると願いが叶うといわれる。天孫《てんそん》降臨《こうりん》で地上に降り立ったニニギは、オオヤマツミの娘であるコノハナサクヤヒメを妻にしている。

オオヤマツミの出自は、『古事記』と『日本書紀』で大きく異なる。『古事記』では、イザナギとイザナミの神生みで生まれたといわれる。一方、『日本書紀』ではイザナギが生まれたばかりの火の神カグツチを斬ったあと、その血から生まれたと記されている。

畿内と九州の大宰府《だざいふ》を結ぶ瀬戸内海は古くから交通の大動脈として機能してきたが、じつは難所が多い海でもある。『古代史の謎は「海路」で解ける』（ＰＨＰ）の著者である

オオヤマツミとコノハナサクヤヒメ
「オオヤマツミ」は「大いなる山の神」の意味であり、水が重要である酒造の神としても信仰される。

本殿
応永34年（1427）に再建されたもので、国の重要文化財。全国の山祇神社の総本社である。

長野正孝氏は、「干満の差は3メートル以上、時速20キロ以上の激しい流れ、数多くの岩礁がある瀬戸内海を手漕ぎ船で航行するのは無理がある。そのため、水中の障害物を撤去して航路を確保する〝啓開〟作業が進められた」と主張している。

瀬戸内海の航行でとくに難所とされたのが、安芸国と伊予国の間に位置する芸予《げいよ》諸島のエリアである。大小数百の島々が密集しているせいで潮の流れが速く、巧みな操船技術が求められた。こうした難所では地元の海の民の力を借りることもあったが、彼らが心の拠り所としたのが、大山祇神社の祭神として祀られた〝海の神〟オオヤマツミだったのである。

オオヤマツミは海運の神として崇められてきたが、本来は山の神であり、また戦いの神でもある。朝廷だけでなく武家からも崇敬を集め、武運長久を祈って多くの武具が奉納された。境内の宝物館には、貴重な甲冑や刀具が多数収蔵・展示されている。

乎知命（おちのみこと）御手植の楠
樹齢2600年とも伝えられる大楠で、息を止めて3周すると願いが叶うといわれる。

DATA

住所／愛媛県今治市大三島町宮浦3327
アクセス／瀬戸内しまなみ海道「大三島I.C.」から車で約10分

寒川神社《さむかわじんじゃ》

八方除の御神徳がある関八州の守り神

神奈川県

寒川神社で祀られている寒川大明神（サムカワヒコ、サムカワヒメの総称）は、相模国《さがみ》を中心に関東地方を広く開拓した神である。関八州の守り神であるとともに、すべての災いを取り除いて福徳開運を招く「八方除《はっぽうよけ》」の神として崇敬されている。具体的な創祀の年代はわかっていないが、『総国風土記』には、21代雄略天皇の代に幣帛《へいはく》（神前の供物）を奉幣《ほうへい》したこと、神亀4年（727）に社殿が創建されたことが伝えられる。

寒川神社は相模川の河口から約7キロさかのぼった低い台地に鎮座しているが、かつては相模湾がすぐ近くまで入り込んでいたといわれる。そのため、寒川大明神は水の神としても信仰されてきた。寒川神社がある寒川町には、縄文時代の集落跡や弥生時代後期の方形周溝墓（方形に溝をめぐらせた墓）などの遺跡があり、古代から人々の聖地だったことがわかる。また、江戸時代には江戸の裏鬼門を護る神社としても崇敬され、現在は方角の神としての顔も有している。

社殿

相模国一宮で、神話には描かれていないサムカワヒコとサムカワヒメを祀る。八方除の神社として有名。

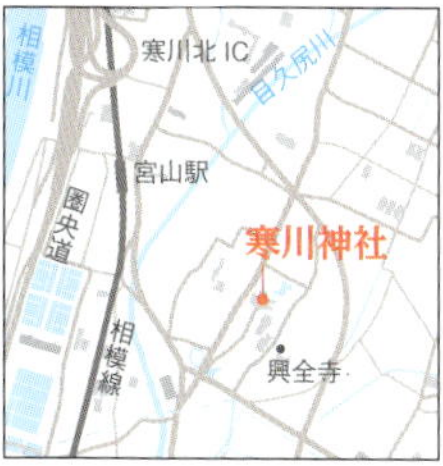

DATA

住所／神奈川県高座郡寒川町宮山3916
アクセス／JR相模線「宮山」駅から徒歩約5分

貴船神社《きふねじんじゃ》

京都府

農耕民族である日本人にとって、水は収穫を左右する大事なものだった。水源地では水神を祀り、日照りの際には祈雨《きう》をし、長雨の際には止雨《しう》を祈願した。

平安京の水源地に鎮座する貴船神社の本宮では、水を司るタカオカミを祀っている。奥宮に祀られるクラオカミと同一神とされており、祈雨や止雨の神として信仰されている。祈雨では白馬を、止雨では黒馬を奉納したが、やがて馬を描いた木版を納めるようになり、これが絵馬の発祥になったといわれる。

創建年代は不明だが、18代反正《はんぜい》天皇の時代に初代神武天皇の母タマヨリヒメが難波津《なにわつ》に現れ、黄色い船で淀川・鴨川をさかのぼり、貴船川《きぶねがわ》の上流に上陸してタカオカミを祀ったのが起源とされる。「貴船」という神社名も、タマヨリヒメが乗った黄色い船にちなんだといわれる。貴船神社では水恩に感謝する祭事が行われており、7月には古来の雨乞い神事に由来する「貴船の水まつり」が催されている。

本宮

社殿前の石垣からは御神水が湧き出ており、多くの人々が汲みに訪れる（飲用の場合は要煮沸）。

本宮参道

貴船川に沿って、社殿は本宮、結社（中宮）、奥宮の3ヶ所に別れて鎮座している。

DATA

住所／京都府京都市左京区鞍馬貴船町180
アクセス／叡山電鉄鞍馬線「貴船口」駅からバスで約5分

葛城一言主神社《かつらぎひとことぬしじんじゃ》

住所／奈良県御所市森脇432

社殿

葛城氏の氏神で、地元では「いちごんさん」として親しまれている。境内の大銀杏は樹齢約1200年。

葛城山の東麓に鎮座する葛城一言主神社では、ヒトコトヌシを主祭神として祀っている。ヒトコトヌシは言葉を司る神で、葛城氏の氏神とされる。葛城氏は皇室の外戚として権勢をふるったが、「倭の五王」の1人とされる21代雄略天皇の時代に衰退した。この雄略天皇が葛城山中でヒトコトヌシに出会って狩りをするエピソードが記紀に記されている。『古事記』では、天皇がヒトコトヌシに対して多くの献上品を捧げ、一方、『日本書紀』では天皇とヒトコトヌシが対等に近い立場で書かれている。

土佐神社《とさじんじゃ》

社殿

土佐国一宮で、葛城氏とゆかりが深い。本殿や拝殿、桜門などは国の重要文化財に指定されている。

住所／高知県高知市一宮しなね2-16-1

『釈日本紀』では21代雄略天皇がヒトコトヌシの不遜な言動に怒り、土佐に流したとある。流されたヒトコトヌシは「賀茂之地」に祀られ、その後、「土佐高賀茂大社」に遷された。これが土佐神社の起源とされる。ともに祀られているアジスキタカヒコネは大和国葛城の賀茂氏（鴨氏）が祀っていた大和の神で、賀茂氏の一族が土佐国造《くにのみやつこ》に任じられた際、土佐でも祀るようになったと考えられる。現在の社殿は戦国時代に長宗我部《ちょうそかべ》元親《もとちか》が再建したもので、土佐国の一宮として崇敬されてきた。

於美阿志神社《おみあしじんじゃ》

社殿

15代応神天皇の代に百済から渡来した阿智使主の居住地跡で、東漢氏の氏神である。

住所／奈良県高市郡明日香村檜前594

東漢《やまとのあや》氏の氏寺・檜隈《ひのくま》寺の跡地に建つ神社で、平安時代に建立された十三重の石塔は国の重要文化財に指定されている。15代応神天皇の代に渡来した阿知使主《あちのおみ》を祭神としており、東漢氏の氏神である。東漢氏は帰化系氏族集団で、大陸の進んだ製鉄技術を伝えたと考えられている。応神天皇は、中国へ最初に遣いを送った倭王「讃《さん》」だったともいわれ、渡来人を積極的に登用した。4世紀から7世紀の朝鮮半島では戦乱が相次ぎ、それを避けて多くの人々が日本列島にやってきたといわれている。

西寒多神社《ささむたじんじゃ》

住所／大分県大分市寒田１６４４

1本の木から咲く藤の名所として知られる西寒多神社は、アマテラス、イザナギ、イザナミなど多くの神を祀る。『大分郡志』によると、神功《じんぐう》皇后が三韓征討から帰る途中に西寒多山（現在の本宮山《ほんぐうさん》）へ臨幸して白旗を立てた。15代応神天皇の代にその場所に宰相の武内宿禰《たけのうちのすくね》が祠を建てたのが神社の起源とされる。

社殿

豊後国一宮で、応神天皇によって西寒多山に創建されたのがはじまりとも伝えられる。

駒形神社《こまがたじんじゃ》

住所／岩手県奥州市水沢区中上野町１－83（水沢公園内）

創祀年代については諸説あるが、ヤマトタケルの東征の際、蝦夷《えみし》平定のために駒形大神が祀られたともいわれる。また、21代雄略天皇の代に上毛野《かみつけぬ》氏の一族が駒ヶ岳（現在の大日岳）の山頂に駒形大神を奉祀したという説もある。馬の守護神として崇敬されており、現在も毎年5月に「子供騎馬武者・稚児行列」が催されている。

社殿

上毛野氏とゆかりの深い神社で、霊峰・駒ケ岳を祀り、山頂には奥宮がある。

古代を歩く

世界最大の陵墓を誇る

百舌鳥《もず》古墳群

世界最大の墳墓　**大仙《だいせん》古墳**

16代仁徳（にんとく）天皇の陵墓と伝えられ、墳丘長は約486m、高さ約33.9m。5世紀中頃に約20年の歳月をかけて築造された。

倭の五王の時代、ヤマト王権の本拠地は大陸への海上路の起点となる河内に移った。それに伴い、世界的にも類を見ない巨大墳墓の築造が行われた。

百舌鳥古墳群は大阪府堺市の東西南北約4キロの範囲に集中している。当時は100基を超える古墳が築造され、現在でも40基以上が残る。東にある古市古墳群と合わせると、国内の古墳の規模における上位10基中、6基が集中する日本有数の古墳密集地帯である。

百舌鳥駅
↓ 徒歩5分
大仙古墳
↓ 徒歩25分
ミサンザイ古墳
↓ 徒歩10分
いたすけ古墳
↓ 徒歩10分
御廟山古墳
↓ 徒歩5分
百舌鳥八幡宮
↓ 徒歩15分
ニサンザイ古墳
↓ 徒歩25分
百舌鳥駅

国内3位の巨大古墳
ミサンザイ古墳

17代履中（りちゅう）天皇の陵墓とされ、墳丘長約365m、高さ約27.6m。5世紀前半の築造である。

文化財保護の象徴
いたすけ古墳

墳丘長約146mの古墳で、1955年に住宅造成のために破壊されそうになったが、市民運動によって保存される。

応神天皇の陵墓参考地
御廟山古墳

墳丘長は約186mで、5世紀中頃から後半に築造された。15代応神天皇陵の第2候補とされている。

反正天皇の陵墓参考地
ニサンザイ古墳

墳丘長は約290mで全国8位の規模を誇る。5世紀後半から末に築造された。18代反正（はんぜい）天皇陵とする説がある。

応神天皇を祀る
百舌鳥八幡宮

6世紀の29代欽明天皇の時代に、御廟山古墳を奥の院として創建されたといわれる。境内の楠木は樹齢約800年の巨木。

周辺の見どころ

反正天皇の陵墓
田出井山古墳《たでいやま》

墳丘長は約148mで5世紀後半に築造された。百舌鳥古墳群の天皇陵の中では規模が小さい。

崇神天皇が創建した古社
方違神社《ほうちがい》

河内、和泉、摂津の3国の境界にある。国内に疫病が蔓延したため、10代崇神（すじん）天皇が創建した。田出井山古墳に隣接している。

第6章

古代「国家」の成立

21代雄略天皇以降、日本は中国への朝貢をやめ、中国皇帝の権威に頼らない独自の統治に歩みを進める。6世紀のなかで特異な存在なのが、皇位継承者がいなくなり急遽天皇となった26代継体《けいたい》天皇だ。15代応神天皇の5世孫という遠縁で福井に住んでいたとされる。

仏教が伝来したのも6世紀のことである。この外来の宗教に対して、日本独自の神への信仰を主張する物部《もののべ》氏と仏教の受容を進める蘇我氏が対立し、物部氏が敗れた。

日本の信仰は、ここから明治時代まで続く神と仏を同一のものとする神仏習合の時代へと変わる。また神道と仏教が合わさり、山岳修行で超人的な能力を獲得することを目指す修験道《しゅげんどう》も誕生した。

継体天皇と照日の前像
（福井県越前市）
日本海ルートで大陸へと繋がっていた福井は古代における先進地域。継体天皇の出生地は琵琶湖に面した滋賀県高島市といわれる。

大分県

宇佐神宮《うさじんぐう》

「宇佐八幡」の名でも親しまれる宇佐神宮は、全国にある八幡神社の総本社である。欽明天皇32年（571）、断食をして神に祈り続けた大神比義《おおがのひぎ》の前に光輝く童子が出現し、「我こそは誉田《ほんだ》天皇である」と名乗ったと縁起書は伝える。現在の亀山の地に社殿が建立されたのは神亀2年（725）で、これを神社の創建とすることもある。

祭神は八幡大神《はちまん》（15代応神天皇）とその母の神功皇后《じんぐう》、そして比売大神《ひめ》と呼ばれる宗像三女神。八幡大神には、東大寺大仏建立の際に成功を予言する神託を発して45代聖武《しょうむ》天皇を感激させたという逸話などがあるが、歴史上最も注目されたのは、神護景雲《じんごけいうん》3年（769）に起こった「宇佐八幡神託事件」である。

当時、女帝の48代称徳《しょうとく》天皇は僧侶の弓削道鏡《ゆげのどうきょう》を相談役として重用し、天皇の権力にも匹敵する「法王」という地位を与えた。やがて道鏡は自らが天皇になろうと画策し、配下の者を使って「宇佐八幡の神から、道鏡を皇位につけよとの神託があった」との偽の報告

和氣清麻呂
皇位を継承しようとした道鏡の策略に対して、宇佐神宮の神託を伝え、道鏡皇位簒奪を阻止した。

15代応神天皇

八幡神は15代応神天皇のこととされる。応神天皇は積極的に外国人を重用したことで知られる。

を天皇に告げさせる。

天皇は真偽を知るため、和氣清麻呂《わけのきよまろ》を送り、宇佐八幡の神託を再確認。すると清麻呂に告げられたのは「皇位には必ず皇統の者を立てよ」というものだった。

清麻呂は道鏡に一切忖度することなく真相を報告したため、天皇と道鏡は激怒し、清麻呂は罪を負わされて大隅国に流されてしまう。しかし翌年に称徳天皇が崩御したことで道鏡も失脚。清麻呂も名誉を回復した。

その後、天皇家以外の者が皇位につくことを阻止したとして功績を称えられ、宇佐神宮境内には清麻呂を祀る護皇神社が建てられた。また東京の皇居お堀端にも、皇居を見守るように清麻呂の銅像が立っている。ただし、道鏡を一方的に悪役にすることについては異論もあり、称徳天皇が行おうとしていた改革にも一定の評価の声がある。

八幡神は源氏から篤く崇敬されたことで、武家政権時代に日本中に信仰が広まった。

南中楼門

社殿内郭の南正門で、高良大明神、阿蘇大明神の2神を門の神として祀っている。

呉橋

西参道にある屋根がついた神橋。中国の呉の国の人物によってつくられたとも伝えられる。

DATA

住所／大分県宇佐市南宇佐2859
アクセス／JR日豊本線「宇佐」駅から車で約10分

●皇統断絶を救った継体天皇の勢力圏

足羽神社《あすわじんじゃ》

福井県

祭神の26代継体《けいたい》天皇（男大迹《おおど》王）は15代応神天皇五世の子孫で、地方の有力者として近江から越前あたりを勢力圏とした。男大迹王が越前平野の大規模治水工事を行った際、守護神として大宮地之霊《おおみやどころのみたま》を勧請し、足羽山に祀ったのが足羽神社の起源とされる。その後男大迹王は、皇位継承者がいなくなったヤマト王権の要請で天皇に即位するに及び、自らの生御霊《いきみたま》を土地の守り神として宮に鎮め、同社の主祭神となったと伝えられる。

足羽山周辺には4〜6世紀に築造された古墳が数多く現存し、なかでも山頂古墳は掘削される前には直径約60メートルにもなる地域最大級の大型円墳だったと考えられている。これら足羽山古墳群は、古代足羽郡の豪族だった足羽氏の墳墓だとする説が有力である。

継体天皇は歴代天皇のなかでも謎の多い存在で、先々代の天皇の皇女を妃にすることで皇統を継いだとされるが、即位から都に入るまでに20年以上かかっていることなどから、大きな権力闘争があったともいわれる。

社殿

足羽神社は足羽山の中腹にあり、継体天皇が治水工事をする際にこの地から越前平野を一望したという。

継体天皇像

福井県の「越前青石」（笏谷石）でできた高さ約4.5mの像で、足羽山から日本海を望むように建立されている。

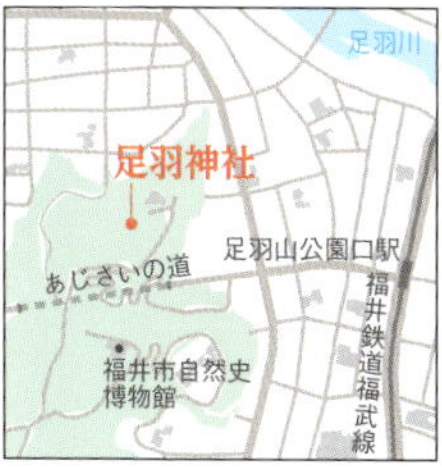

DATA

住所／福井県福井市足羽上町108

アクセス／福井鉄道福武線「足羽山公園口」駅から徒歩約10分

物部神社《もののべじんじゃ》

天孫ニギハヤヒを祖にする物部氏の氏神

島根県

物部神社は石見国《いわみのくに》一宮。祭神のウマシマジは初代神武天皇の東征を助けた神で、この一帯を開拓するために鶴の背に乗って当地に降り立ち、大和の天香具山《あめのかぐやま》に似た八百山を気に入りここに宮を営んだとされる。社伝によると、神社の創建は継体《けいたい》天皇8年（513）。天皇の勅命により社殿を造営したことをはじめとする。

ウマシマジは神武天皇よりも先に大和を統治していた天孫ニギハヤヒの子で、その子孫である物部氏は仏教の受容を巡り蘇我氏と対立したことで知られる。用明天皇2年（587）、大連《おおむらじ》・物部守屋《もりや》と大臣・蘇我馬子《そがのうまこ》の争いはついに内乱に発展。守屋の戦死によって乱は蘇我氏勝利で決着する。物部氏はこの一件以降朝廷内での権力を失ったが、その子孫は石見物部氏や大和石上《いそのかみ》氏など、神事に携わる氏族として全国で繁栄した。

同社で毎年11月に行われる鎮魂祭は、全国でも3社でしか見られない貴重な神事である。また近くには世界遺産に登録された石見銀山がある。

社殿

石見国一宮で物部氏の氏神。祭神のウマシマジは鶴に乗ってきたといわれ、境内には鶴の像がある。

DATA

住所／島根県大田市川合町川合1545
アクセス／JR山陰本線「大田市」駅からバスで約20分

福岡県

英彦山神宮《ひこさんじんぐう》

アマテラスの子神が降臨し、九州の霊峰に鎮座

アマテラスの子オシホミミが降臨したという伝説から、かつては「日子山《ひこさん》（太陽神の子の山）」と呼ばれたという英彦山。三峰にオシホミミ、イザナミ、イザナギを祀り、古来九州随一の霊山として信仰された。

神仏習合の時代、英彦山は大和の大峯山、出羽の羽黒山とならぶ日本三大修験《しゅげん》霊場の一角として隆興した。修験の影響を色濃くあらわす『鎮西彦山縁起』によれば、継体《けいたい》天皇25年（531）にこの山に入った中国北魏の僧が猟師・藤原恒雄《こうゆう》に仏教の教えを説いて弟子とし、寺を開いたのが霊場のはじまりとされる。

中世には皇族を座主《ざす》として最盛期を迎え、3000人もの僧侶を擁し、戦国大名を脅かすほどの勢力にまで成長した。江戸時代には天皇から「英」の字を与えられ「英彦山」と記すようになるが、明治の神仏分離令により修験道は壊滅的打撃を受ける。現在山から仏教色は一掃され、座主屋敷の遺跡などが往時を偲ばせるばかりとなった。

奉幣殿

もともと霊仙寺の大講堂で、元和2年（1616）に再建された。国の重要文化財に指定されている。

摂社・玉屋神社

玉屋窟と呼ばれる洞窟にある。英彦山にはこのほかに49の洞窟があり、山岳信仰の聖地とされた。

DATA

住所／福岡県田川郡添田町英彦山1
アクセス／JR日田彦山線「添田」駅からバスで約30分（2017年の九州北部豪雨により、日田彦山線「添田」駅～「日田」駅間が運休中のため）

小國神社《おくにじんじゃ》

拝殿
29代欽明天皇の代の創建で、遠江国一宮とされる。
古代の森といわれる約30万坪の広大な神域を持つ。

住所／静岡県周智郡森町一宮3956－1

欽明天皇16年（555）、本宮山中に出現した神霊を祀ったのが遠江国一宮・小國神社の創建とされる。現在、山中の出現地には奥宮である奥磐戸《おくいわと》神社が、約6キロほど下った山麓に小國神社本社が鎮座している。

小國神社が史書に登場するのは9世紀からだが、大宝元年（701）の勅使奉幣《ほうへい》の際に舞われたという「十二段舞楽」が現在まで継承されている。小國神社のある森町一帯では5世紀後半から古墳造りがはじまり、6～7世紀築造の古墳や横穴墓《おうけつぼ》が多く発見されている。

貫前神社《ぬきさきじんじゃ》

社殿
本殿・拝殿・楼門は国の重要文化財。本殿は寛永12年（1635）に3代将軍・徳川家光によって再建されたもの。

住所／群馬県富岡市一ノ宮1535

正式名称は一之宮貫前神社。古代上野国の豪族で物部《もののべ》氏系の磯部《いそべ》氏が、氏神フツヌシを鷺宮《さぎのみや》（現安中市）に祀り、その後綾女谷《あやめがたに》にフツヌシとヒメ大神を祀ったのを創建とし、社伝では安閑《あんかん》天皇元年（531）のことと伝えられる。周辺には約20基の古墳からなる一ノ宮古墳群があり、調査の結果この地には5世紀末～6世紀初頭に突然大規模なムラが出現したことがわかった。古墳群のなかでも最大と推定されるものは全長約70メートルという規模で、市内では2017年にも方墳など十数基の7世紀の古墳群が新発見されている。

巨岩信仰が残る上毛野氏の本拠地に鎮座

榛名神社《はるなじんじゃ》

群馬県

上毛三山のひとつである榛名山の神を祀り、創建は31代用明天皇の代の6世紀後半と伝えられる。祭神は火の神ホムスビと土の神ハニマスビメだが、神仏習合が濃厚だった時代には、仏教色の強い独自の神々が信仰された。

榛名山の山麓、高崎市の周辺は、古代東国で強大な勢力を誇った豪族・上毛野《かみつけぬ》氏の中心地だった。市内の保渡田《ほどた》古墳群には、その繁栄を物語るように二子山古墳を筆頭に墳径100メートル超の巨大前方後円墳が3基も並ぶ。

三ツ寺Ⅰ遺跡《みつでらいち》は日本で初めて発見された豪族居館跡で、5世紀後半ごろの上毛野の「王」の生活を窺い知る貴重な遺構になっている。朝鮮半島系の特徴をもつ古墳からは金銅製飾履が出土するなど、古代上毛野国が海外との交流も持つ先進地帯であったことも裏付けられている。『日本書紀』には、武蔵国の支配権を巡りヤマト王権と上毛野氏が対立したとも読める「武蔵国造《くにのみやつこ》の乱」の記述もみられる。

双龍門

榛名山の巨岩の前にある四脚門で安政2年（1855）に建立。国の重要文化財に指定されている。

DATA

住所／群馬県高崎市榛名山町８４９
アクセス／JR高崎線「高崎」駅からバスで約70分、下車後徒歩約15分

古代を歩く

ヤマト王権東端の地 埼玉《さきたま》古墳群

埼玉の名前の発祥地　前玉神社《さきたま》

高さ約8.7mの浅間塚古墳の上にあり、5世紀後半から6世紀前半に創建された。埼玉の名前の由来となったといわれる。

埼玉県北部の行田市にある古墳群で、9基もの大型古墳が密集し、周辺部にも中小の古墳が残る。かつては小型の古墳などを含めると40基以上の古墳が存在した。大型古墳は5世紀後半から6世紀後半にかけて築造されたものと推定される。

稲荷山古墳から出土した鉄剣には21代雄略天皇とされる「ワカタケル大王《おおきみ》」の名が刻まれており、さらには実在が疑問視されている10代崇神《すじん》天皇の時代の四道将軍の一人オオヒコの名も刻まれていた。

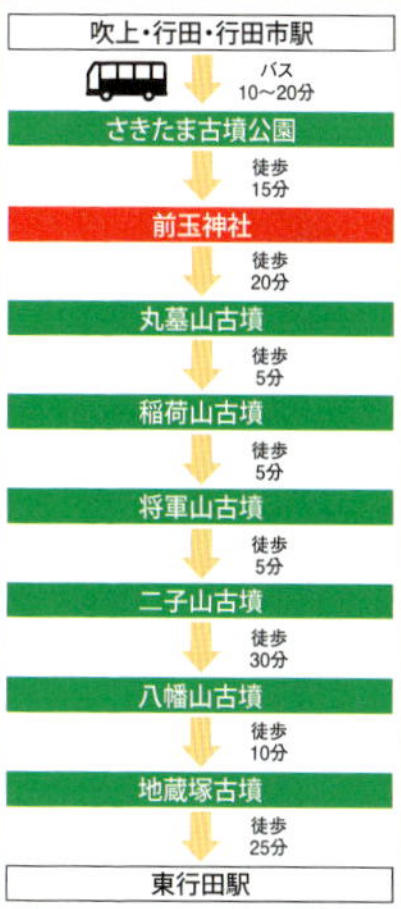

吹上・行田・行田市駅	
🚌 バス 10〜20分	
さきたま古墳公園	
徒歩 15分	
前玉神社	
徒歩 20分	
丸墓山古墳	
徒歩 5分	
稲荷山古墳	
徒歩 5分	
将軍山古墳	
徒歩 5分	
二子山古墳	
徒歩 30分	
八幡山古墳	
徒歩 10分	
地蔵塚古墳	
徒歩 25分	
東行田駅	

日本第2位の円墳
丸墓山古墳

直径約105mで、6世紀前半に築造された。前方後円墳が中心の埼玉古墳群で巨大円墳が造られた理由はわかっていない。

古代史をゆるがす鉄剣が発見

稲荷山古墳

5世紀後半に築造された前方後円墳で、ワカタケル大王の名をあらわす文字を含む115の金文字が刻まれた鉄剣が発見された。

古墳内部を見ることができる

将軍山古墳

墳丘長約90mの前方後円墳で、6世紀後半に築造された。後円部は展示館になっており、石室内部を見ることができる。

武蔵国最大の前方後円墳

二子山古墳

墳丘長約138mで、武蔵国（埼玉県、東京都、神奈川県の一部）の中で最大の前方後円墳。6世紀初頭に築造された。

関東の石舞台古墳

八幡山古墳

石室が露出した姿から「関東の石舞台古墳」とも呼ばれる。石室内部は土日祝日に公開。

古代の線刻画が発見された

地蔵塚古墳

7世紀中頃から後半にかけて築造された方墳で、石室からは烏帽子をかぶった人や動物、家などの線刻画が発見された。

第7章 飛鳥時代

21代雄略天皇以降途絶えていた中国との外交が、遣隋使として再開されたのは約1世紀後の６００年、33代推古天皇の時代である。この頃には、日本と中国の対等をアピールする書簡を送っている。中大兄皇子《なかのおおえのおうじ》が、飛鳥時代に台頭した蘇我氏を乙巳《いっし》の変（６４５）で滅ぼすと、38代天智《てんじ》天皇として即位。６６０年に同盟国の百済《くだら》救援のため朝鮮半島に出兵する。しかし、白村江の戦いで唐・新羅《しらぎ》連合軍に敗れて百済が滅亡すると、ヤマト王権は外交から内政へと注力するようになった。飛鳥時代では、土着の信仰を色濃く残すものから、仏教と習合したものなど、創建された神社のバリエーションが多い。

石舞台古墳
（奈良県明日香村）
蘇我馬子の墓とされる古墳で、盛土は失われ横穴式石室がむき出しになっている。

●乙巳の変が計画された歴史的な場所

談山神社《たんざんじんじゃ》

奈良県

奈良県桜井市、多武峯《とうのみね》の山中に建つ談山神社。創建は藤原鎌足《ふじわらのかまたり》の墓が当地に改葬され、十三重塔が建立された天武《てんむ》天皇7年（678）とされる。

祭神の藤原鎌足は、古代より朝廷の神事を司っていた祭祀氏族・中臣《なかとみ》氏の出身。中臣鎌足と名乗っていた時代に中大兄皇子《なかのおおえのおうじ》（のちの38代天智《てんじ》天皇）と接触し、当時天皇家を凌駕するほどの実力を備えていた蘇我蝦夷《えみし》、入鹿《いるか》父子を排除する計画を立案実行した中心人物とされる。

中大兄皇子が飛鳥寺で蹴鞠《けまり》をしていた時、偶然脱げた沓《くつ》を鎌足が拾い上げたのが出会いのきっかけになったという逸話は有名だが、これにちなんで神社境内には「蹴鞠の庭」が整備され、毎年春秋に蹴鞠の実演が行われている。

645年、鎌足と皇子はかねてよりの計画を実行し、宮中行事に出席していた蘇我入鹿を急襲、暗殺した。運命を悟った父の蝦夷も自邸に火を放って死を選んだことで、鎌足ら

十三重塔

藤原鎌足の死後、長男の僧侶・定恵と次男・不比等がこの地に鎌足の墓を移し、十三重塔を建立した。

中大兄皇子と中臣鎌足
神宮徴古館 蔵
蹴鞠の場で中大兄皇子の沓を中臣鎌足が拾ったことで両者は接近したと伝えられる。

の政変は成功する。これを機に35代皇極《こうぎょく》天皇が退位し、36代孝徳天皇が即位。元号も大化と改まり、中大兄皇子は皇太子、鎌足は内臣《うちつおみ》として政権中枢に入り新体制がスタートする。

　この一連の流れを「大化の改新」と呼ぶが、近年では後世の潤色があるとの批判もあり「乙巳《いっし》の変」ということも多くなっている。

　鎌足には二人の男子がいたが、兄は仏門に入って定恵《ていけい》と名乗り、弟・不比等《ふひと》が後継者となった。十三重塔を建立したのはこの僧・定恵で、同社は明治以前は十三重塔を鎌足廟として護る、妙楽寺護国院という寺院だった。

　談山神社となったのは明治以降で、その名は鎌足と皇子が改新計画を話し合った山という意味の「談山《かたらいやま》」からきている。また、談山に連なる御破裂《ごはれつ》山の頂には鎌足の墓所が築かれ、かつては国家の非常時になると山ごと鳴動して変事を知らせるという「談山御破裂」伝説がある。

　多武峯から、桜井駅あたりに立つ談山神社の一の鳥居までの約6キロの道のりは、松尾芭蕉らも歩いた多武峯街道として知られる。

本殿

極彩色模様や豪華な彫刻が装飾され、のちに日光東照宮造営の際の手本となった。

吊燈籠

8月14日のお盆には、吊燈籠や境内の石燈籠に火が灯される献燈祭が行われる。

DATA

住所／奈良県桜井市多武峰319

アクセス／JR桜井線「桜井」駅からバスで約25分

●始皇帝の末裔を名乗る秦氏が創建

松尾大社《まつのおたいしゃ》

京都府

京都西北の松尾山は、有史以前から磐座《いわくら》信仰の対象となった聖地と考えられていて、大宝元年（701）に秦忌寸都理《はたのいみきとり》が山麓に社殿を建て、山神オオヤマクイを祀ったのが松尾大社の創建とされる。

同社は皇城鎮護の神（京都の街と御所を守る神）として平安京遷都の頃から皇室の崇敬を集め、また民間では酒造、醸造の守り神として、現在も日本中の酒造業社、味噌や醤油のメーカーから篤く信仰されている。

同社を創建し、その後長く神職として仕えてきた秦氏は、秦の始皇帝の末裔を自称する渡来系氏族である。松尾大社が酒の神とされるのも、秦氏が酒造りを得意としたためだ。醸造技術は当時の先端テクノロジーであり、秦氏は大陸から日本に、酒造や養蚕《ようさん》、機織《はたお》りなど多くの技術、知識を伝える役割を果たした。

『日本書紀』には、15代応神天皇の代に弓月君《ゆづきのきみ》が一族の大集団を率いて百済《くだら》から渡来し

男神坐像

松尾大社 蔵

平安時代の制作で、全国に残る神像のうち最初期の作品といわれる。国の重要文化財。

社殿
本殿は国の重要文化財。酒造の守護神でもあるため、境内にある神輿庫には奉納された酒樽が並ぶ。

たという記述があり、この子孫が秦氏だとされる。

一族で最も有名なのは、聖徳太子の側近的な立場で活躍した秦河勝《はたのかわかつ》である。河勝と聖徳太子の出会いは推古天皇11年（639）のことで、聖徳太子が入手した仏像を河勝がもらいうけ、蜂岡寺を建立して安置したことから交流が始まったといわれる。物部守屋《もののべのもりや》と蘇我馬子の戦乱では聖徳太子に従って蘇我氏側として参戦し、河勝が守屋を討ったとも伝えられる。

河勝が仏像を祀った蜂岡寺は、現在の太秦《うずまさ》広隆寺のことで、太秦という地名もここを拠点に繁栄した秦氏に由来する。技術力に長けた秦氏はやがて財力も貯え、政治・経済面での存在感を強めた。都が大和（平城京）から山城（平安京）へと還った背景には、秦氏の影響力があったという説もある。

また、松尾大社ではオオヤマクイとともにアマテラスの娘イチキシマヒメも祭神とされるが、これも渡来系の秦氏が洋上での安全を願って、航海の守護神である女神を祀ったものと考えられている。

楼門

松尾大社は松尾山の麓にあり、山頂には磐座がある。境内は約12万坪あり、重森三玲（みれい）の作である松風苑三庭などがある。

亀の井

「よみがえりの水」とも呼ばれる霊泉で、この水を酒に混ぜると腐敗しないといわれる。

DATA

住所／京都府京都市西京区嵐山宮町３
アクセス／阪急電鉄嵐山線「松尾大社」駅から徒歩約３分

京都を疫病から守護する祇園様

八坂神社《やさかじんじゃ》

京都府

斉明天皇2年（656）、高麗の使節・伊利之《いりし》が、新羅《しらぎ》国牛頭山《ごずさん》のスサノオを奉斎して祀ったのが祇園八坂神社のはじまりと伝えられる。または、貞観18年（876）、僧・円《えん》如《にょ》が播磨国広峰から八坂に牛頭天王《ごずてんのう》を遷座したことによるという説もある。

明治以前、八坂神社は「祇園社」あるいは「感神院《かんしんいん》」と呼ばれ、祭神は天竺《てんじく》（インド）の祇園精舎を守護する神・牛頭天王とされる。

牛頭天王は疫病除けの神として有名で、八坂神社（祇園社）の歴史は京都の疫病の歴史とともにあったといっても過言ではない。貞観の頃（9世紀後半）、京都をはじめ日本各地で疫病や天変地異が起こり、朝廷では神泉苑《しんせんえん》に66本の鉾を立て、牛頭天王を祀って厄災の除去を祈ったのが、現在まで続く祇園祭、山鉾巡行《やまほこじゅんこう》のはじまりである。また元慶元年（877）に疫病が流行し

た際、朝廷が祇園社に祈ると流行が終息したことが同社発展のきっかけになったともいわれる。

本殿と舞殿
本殿は拝殿をひとつの屋根で覆った独特の建築様式であり、国の重要文化財に指定されている。

西楼門
四条通りの突き当たりに立ち、京都観光のランドマーク的存在。国の重要文化財に指定されている。

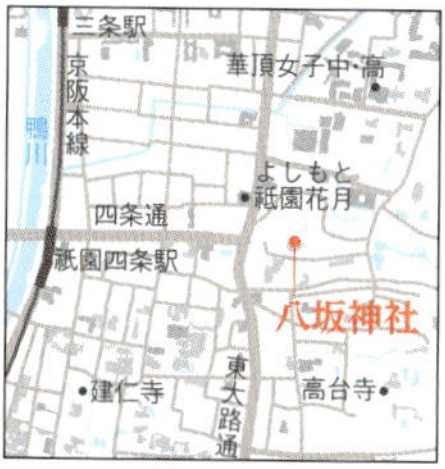

DATA

住所／京都府京都市東山区祇園町北側６２５
アクセス／京阪電鉄京阪本線「祇園四条」駅から徒歩約5分

●賀茂氏の氏神である京都最古の神社のひとつ

賀茂別雷神社《かもわけいかづちじんじゃ》

京都府

山城国一宮である賀茂別雷神社は、一般的には上賀茂《かみがも》神社と呼ばれる。祭神はカモワケイカヅチ。奈良時代より前から京都盆地に移住し、一帯を勢力圏とした古代豪族・賀茂氏の氏神で、白鳳6年（678）に社殿が築かれた。

社伝では、山背（山城）に移り住んだ賀茂氏の姫が賀茂川で拾った丹塗矢《にぬりや》の霊力で神の子を宿し、誕生したのがカモワケイカヅチとされる。この神が天に昇り、再び降臨したのが現社地である神山《こうやま》だといわれる。

また下鴨《しもがも》神社（賀茂御祖《かもみおや》神社）とセットで「賀茂社」と呼ばれるように両社は関連が深く、下鴨神社にはタマヨリヒメとその父で賀茂氏の祖、カモタケツヌミが祀られている。この神は八咫烏《やたがらす》として初代神武天皇を導き東征を助けた神とされ、子孫の賀茂氏は上下賀茂社の神職一族として栄えた。同社は京都の北東部を守護する皇城鎮護の神社として崇敬され、戦前期までは官幣大社筆頭として伊勢神宮に次ぐ高い社格を誇った。

楼門

上賀茂神社境内には、本殿と権殿の２棟の国宝のほか、41棟の建物が国の重要文化財に指定されている。

立砂（たてずな）

細殿（ほそどの）前につくられた円錐状の砂の山で、御神体である神山を模したものとされる。

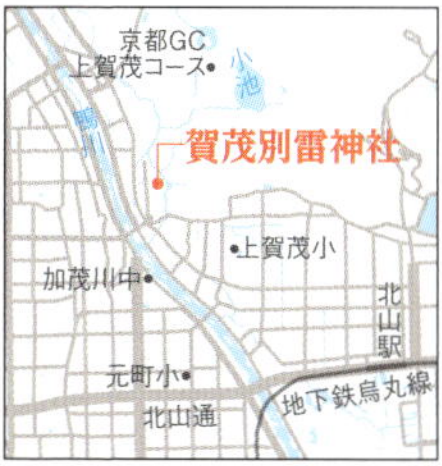

DATA

住所／京都府京都市北区上賀茂本山339
アクセス／市営地下鉄烏丸線「北山」駅から徒歩約30分

梅宮大社《うめのみやたいしゃ》

京都府

県犬養三千代《あがたのいぬかいのみちよ》によって、橘氏の氏神として創建された神社である。創建年は定かではないが、三千代が橘姓を賜った和銅元年（708）から死亡する天平5年（733）の間のことと考えられる。祭神・酒解神《さかとけ》と酒解子神《さかとけこ》はここにしか見られない神名で、同社ではオオヤマヅミとコノハナサクヤヒメ父子とするが、由来は定かではない。

橘氏は、「源平藤橘《げんぺいとうきつ》」と並び称される日本の四大姓のひとつで、県犬養三千代が43代元明天皇から橘宿禰《たちばなのすくね》姓を賜ったのを創始とする。三千代は美努王《みの》との間に葛城王らを生むが、のちに別れて藤原不比等《ふひと》の後妻となっている。

葛城王はのちに臣籍に降りて橘諸兄《もろえ》を名乗り、正一位左大臣にまで出世した。その後橘氏はやや低迷するが、子孫の橘嘉智子《かちこ》が52代嵯峨天皇の妃（檀林皇后）となったことで盛り返し、朝廷に何人もの公卿を出す最盛期を迎えた。檀林皇后が同社に安産祈願をして54代仁明《にんみょう》天皇を出産したことから、安産と血統存続の神としても信仰される。

社殿

本殿の東側には「またげ石」と呼ばれる霊石があり、またぐと子宝に恵まれるといわれている。

隋神門

隋神門は江戸時代中期に再建されたもの。境内には梅の木が多く植えられており、名所となっている。

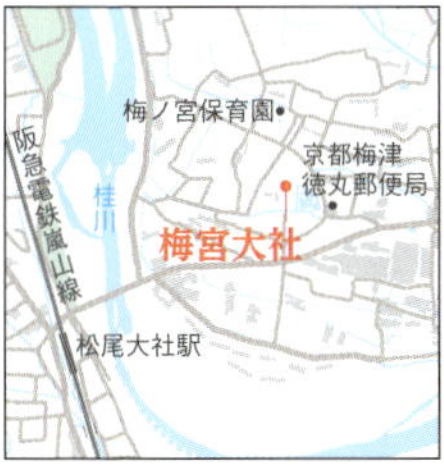

DATA

住所／京都府京都市右京区梅津フケノ川町30
アクセス／阪急電鉄嵐山線「松尾大社」駅から徒歩約15分

廣《ひろ》瀬《せ》大《たい》社《しゃ》

社殿
崇河川の合流地にあり、水神を祀る。
龍田大社と一対の神社とされる。

住所／奈良県北葛城郡河合町川合99

『日本書紀』によると、天武《てんむ》天皇4年（675）に天皇が広瀬に大忌《おおいみ》神を祀らせたとあり、これが広瀬大社の大忌祭のはじまりといわれる。古くは、10代崇神《すじん》天皇の代に水足池《みずたるのいけ》という沼地が一夜にして橘林となる奇跡があり、天皇が神を祀らせたともいわれる。

祭神ワカウカノメは、伊勢神宮外宮《げくう》の神の分身であり、また実りを与える水神とされる。天武天皇13年（684）には天皇が自ら同社に行幸するなど、ヤマト王権から重視されていた様子が史書にも残されている。

龍《たつ》田《た》大《たい》社《しゃ》

社殿

交通の要衝地にあり、風神を祀る。廣瀬大社の水神と対をなす神社である。

住所／奈良県生駒郡三郷町立野南１－29－１

天武《てんむ》天皇４年（６７５）に広瀬神社の大忌《おおいみ》神とともに龍田に風の神が祀られた。古来広瀬の水神と一対をなす「龍田の風神」として信仰されてきた。６７５年以降、天武・持統両天皇の時代を合計すると、じつに30回以上も勅使が送られている。また、10代崇神天皇が創建し、桜で有名な三室山中に本宮があったとも伝えられる。この一帯は古くから交通の要衝で、難波《なにわ》と平城京を結ぶために造られた、日本最古の官道のひとつである龍田古道や、在原業平《ありわらのなりひら》らも歩いた十三街道などが通っている。

出羽三山神社《でわさんざんじんじゃ》

山形県

出羽三山とは月山《がっさん》、羽黒山《はぐろさん》、湯殿山《ゆどのさん》の総称で、それぞれの山頂に祀られる月山神社、出《いで》羽《は》神社、湯殿山神社の3社を合わせて出羽三山神社と呼ぶ。社伝では飛鳥時代から山岳信仰の中心地として開かれ、長く東日本最大の修験《しゅげん》霊場として繁栄した。

この山には、三山の伝説的な開祖・能除《のうじょ》太子にまつわり、当地とははるか離れた飛鳥の都とを結びつける不思議な伝説がある。

能除太子はもとの名を蜂子皇子《はちこのおうじ》といい、32代崇峻《すしゅん》天皇の皇子として誕生した。崇峻天皇は病死した兄・用明天皇のあとを継いで天皇になったものの、有力な支援者だった蘇我馬子と対立したことで、即位5年にして馬子の手の者に暗殺されてしまう。

身の危険を感じた蜂子皇子は都を逃れ、日本海側の各地を経由しながら霊鳥の導きにより羽黒山にたどり着き、33代推古天皇元年（593）、ここに神を祀って羽黒修験の開祖となった、と伝えられている。羽黒山中には蜂子皇子墓もあり、宮内庁により管理されている。

五重塔

羽黒山にある三間五層の塔で国宝に指定されている。かつて周辺には多くの寺院があった。

DATA

住所／山形県鶴岡市羽黒町手向字手向7
アクセス／JR羽越本線「鶴岡」駅からバスで約50分（羽黒山）

●和氣清麻呂を輩出した和氣氏の氏神

和氣神社《わけじんじゃ》

岡山県

和氣神社の創建年は不詳だが、その名の通り和氣氏の氏神で、11代垂仁《すいにん》天皇の皇子ヌデシワケを氏族の祖として祀る。記紀には、三韓征討を終えて帰還した神功《じんぐう》皇后に対して忍熊《おしくま》、麛《かご》坂《さか》の両皇子が反旗をひるがえす場面があるが、同社の社伝はこのときヌデシワケの曾孫・弟彦《おとひこ》王《おう》が忍熊《おしくま》王を討ちはたし、その功績によって備前に領地を得て以後ここに定着したといわれる。また「和氣」という氏族名は、皇族を祖先とする伝承をもつ地方豪族に与えられる「別《わけ》」の姓にちなむものである。

和氣氏はもともと備前から美作《みまさか》のあたりを勢力範囲とした地方豪族だったが、奈良時代になって和氣清麻呂《きよまろ》と姉の広虫《ひろむし》が一族で初の朝廷出仕をはたす。そして「宇佐八幡神託事件」の功績により清麻呂は中央貴族としての地位を不動のものとした。清麻呂はその後50代桓武《かんむ》天皇の信頼を得て平安遷都の建言をするなど重臣として順調に出世し、一族からも多くの官吏を輩出することとなった。

本殿

和氣清麻呂の神使は猪とされるため、境内には猪の像が置かれている。足腰健全の御神徳があるとされる。

和氣清麻呂

皇位継承を画策した道鏡の野望を阻止した和氣清麻呂は、命を狙われたが猪によって危機を脱したといわれる。

DATA

住所／岡山県和気郡和気町藤野1385
アクセス／JR山陽本線「和気」駅から車で約10分

平清盛が信仰した神の島

厳島神社《いつくしまじんじゃ》

広島県

瀬戸内海に浮かぶ厳島（安芸の宮島）に鎮座する、安芸国一宮・厳島神社。推古天皇元年（593）に地域の豪族・佐伯鞍職《さえきのくらもと》によって厳島に社殿が築かれ創建された。もともと厳島は古代より島全体が御神体として信仰される聖域だった。厳島という島名も、神聖な島を意味する「斎《いつ》き島」に由来する。

佐伯氏は同社の神職として、のちには水軍を操る武士集団としても活躍するが戦国期に滅亡した。厳島神社が現在のように有名になったのには、平清盛《たいらのきよもり》の功績が大きい。清盛は久安2年（1146）に安芸守となったのをきっかけに、同国の一宮である厳島神社を篤く信仰した。平家一門が最盛期を迎えると、同社は平家の氏神として崇敬され、77代後白河天皇、80代高倉両天皇の行幸を仰ぐほどに繁栄する。

平家は水軍を強みとする一族で、瀬戸内海沿いの港には厳島神社のほか、清盛が一時的に都をおいた兵庫の福原、一族が終焉を迎えた下関の壇ノ浦などゆかりの地が点在する。

祓殿（はらえどの）と五重塔
嚴島神社の建築物は6棟の国宝をはじめ、11棟が国の重要文化財に指定されている。

海上社殿
嚴島は神の島とされたため、島に社殿を建立せず、壮麗な社殿群は海上に建てられた。

DATA

住所／広島県廿日市市宮島町1-1
アクセス／JR西日本宮島フェリー「宮島口」からフェリーで約10分、下船後徒歩約10分

宇倍神社《うべじんじゃ》

社殿

本殿の後ろには武内宿禰が姿を消した場所とされる双履石が残っている。

住所／鳥取県鳥取市国府町宮下651

因幡国一宮・宇倍神社の祭神・武内《たけのうちの》宿禰《すくね》は、３６０歳もの長命で、12代景行天皇から16代仁徳天皇の5代に仕えたという神話中の忠臣である。この逸話から武内宿禰は健康長寿の神として知られる。宇倍神社の創建は大化4年（６４８）と伝えられ、境内には武内宿禰が履物だけを残してその身を隠した（昇天した）場所と伝わる双履石《そうりせき》が残っている。

武内宿禰を祖とする氏族は30に迫るほど多く、それも平群《へぐり》氏、紀《き》氏、蘇我氏など古代のヤマト王権で大きな権力を握った実力豪族が名を連ねている。

敢國神社《あえくにじんじゃ》

鳥居

伊賀国一宮で、付近には三重県最大の前方後円墳（5世後半）があり、祭神の陵墓とされる。

住所／三重県伊賀市一之宮877

8代孝元天皇の皇子オオヒコが伊賀に定住し、斉明天皇4年（658）に子孫の阿閉《あへ》（阿部）氏により祀られたのが創建とされる。配神スクナヒコナは同じく伊賀に住んだ秦《はた》氏によって奉斎されたと考えられている。神社のある一帯は古くは阿拝《あえ》郡といい、社名も阿部氏の名もこれに由来する。阿部氏からは、奈良時代に遣唐使となった阿倍仲麻呂《なかまろ》や、平安時代に陰陽師《おんみょうじ》として朝廷に仕えた安倍晴明《せいめい》などが出ている。近くにある御墓山《みはかやま》古墳は祭神オオヒコの墓とされ、全長約190メートルと県内最大規模を誇る。

丹生川上神社《にうかわかみじんじゃ》

中社
丹生川（高見川）沿いに社殿があり、川の向かい側の本宮山には摂社・丹生神社が鎮座している。

住所／奈良県吉野郡川上村大字迫869－1（上社）
奈良県吉野郡東吉野村小968（中社）
吉野郡下市町長谷1－1（下社）

白鳳4年（675）、祭神ミズハノメの神託を受け、吉野山中丹生川上に祀られたのが丹生川上神社の創始。平安時代まで雨を司る神として朝廷からも崇敬されたが、中世には所在地さえ不明になるほど荒廃した。明治以降に上、下、中の3社が推定社として順次復興され現在の三社体制となった。丹生川上には、初代神武天皇が東征の際祈りを捧げた伝説がある。吉野には飛鳥時代から離宮が置かれ、40代天武《てんむ》天皇の「吉野の盟約」の地としても知られる。

宝満宮竈門神社《ほうまんぐうかまどじんじゃ》

社殿

神社が鎮座している宝満山は、山としては、鳥海山、富士山に次ぐ3例目の国の史跡として指定された。

住所／福岡県太宰府市内山883

38代天智《てんじ》天皇の時代、大宰府《だざいふ》の鬼門にあたる竈門山（宝満山）に鎮護国家の神が祀られたのが祭祀のはじまりとされる。天武《てんむ》天皇2年（673）、高僧の前に祭神タマヨリヒメが出現した奇瑞により宮が建てられた時を創建とする。宝満宮竈門神社が守護した大宰府は33代推古天皇から41代持統天皇の頃に整備されたと推定され、畿内政権の重要な出先機関として「遠の朝廷」とも呼ばれる。天智天皇の時代には唐・新羅《しらぎ》連合軍への敗北（白村江の戦い）から軍事的緊張が高まり、一帯に要塞（水城、山城）が築かれた。

雄山神社《おやまじんじゃ》

富山県

●霊峰・立山の山岳信仰の中心地

越中立山《たてやま》は富士山、白山《はくさん》と並ぶ日本三大霊山のひとつで、その標高約3000メートルの山頂に建つのが雄山神社の峰本社である。中宮祈願殿と前立社壇《まえだてしゃだん》の3社をもって一体の雄山神社とする。社伝によると、大宝元年（701）、越中国司である佐伯宿禰《さえきすくね》の子・有頼が白鷹と熊に導かれて霊峰・立山にたどり着き、時の42代文武《もんむ》天皇の勅命を受けて開山したといわれ、明治以前まで長く山岳修験《しゅげん》の中心地として崇敬された。

山麓の立山町内には、富山県内最大の円墳、稚児塚《ちごづか》古墳（直径約50メートル、周辺部まで含めると100メートル弱）がある。築造は5世紀半ばで、被葬者はヤマト王権の影響を受けながら、東国などとも独自に交流を続ける力を持ったこの地の有力な首長だったと考えられている。

越中は弥生時代までさかのぼると、山陰文化の特徴である四隅突出墳の日本海側の最北端であり、日本海沿岸ルートを通じて出雲系の有力者とも関係をもっていたことがわかる。

前立社壇

雄山神社は、立山を御神体として、頂上にある総本社、麓にある前立社壇、中宮祈願殿の３つからなる。

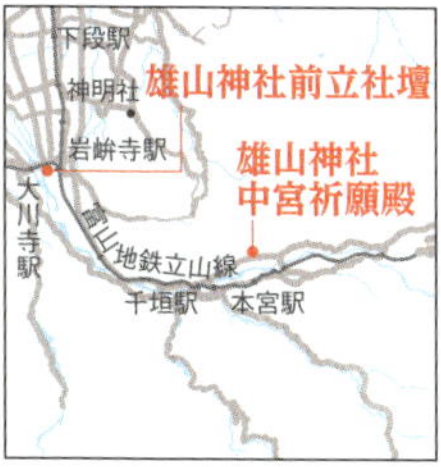

中宮祈願殿

立山信仰の拠点だった場所で、立山を開いた佐伯有頼の廟や立山開山堂などがある。

DATA

住所・アクセス／

前立社壇	富山県中新川郡立山町岩峅寺1 富山地方鉄道上滝線「岩峅寺」駅から徒歩約15分
中宮祈願殿	富山県中新川郡立山町芦峅寺2 富山地方鉄道立山線「千垣」駅からバスで約5分
峰本社	富山県中新川郡立山町芦峅寺立山峰1 雄山山頂

第8章

奈良時代

672年、古代日本最大の内乱である壬申《じんしん》の乱が勃発、勝利した大海人《おおあま》皇子が40代天《てん》武《む》天皇として即位した。その妃で、次代持統天皇の時代には伊勢神宮の式年遷宮がはじまり、古墳祭祀は終焉し、神社祭祀に変わった。『古事記』が編纂されたのもこの時期である。また法制上、日本の君

主が「天皇」であることが規定され、国号として「日本」が使われるようになった。

　和銅3年（710）43代元明天皇の時代に平城京へと遷都され、奈良時代がはじまる。日本の公式の歴史である正史『日本書紀』の編纂が行われたのも奈良時代である。

　神社の創建も北海道を除くほぼ全域にわたり、ヤマト王権から朝廷へ、倭国から日本へと、我が国が古代から脱却する道を歩み始めたのが奈良時代なのである。

平城京
神宮徴古館 蔵
奈良時代は、平城京に遷都された和銅3年（710）から、延暦3年（784）に長岡京に遷都されるまでの74年間を指す。

京都府

日本で最も多い神社・稲荷神社の総本社

伏見稲荷大社《ふしみいなりたいしゃ》

全国に3万社以上あるといわれる稲荷神社の総本社が、京都の伏見稲荷大社である。社伝では和銅4年（711）、凶作が続いたため43代元明天皇が各地で祭祀を行わせたところ神託があり、深草の長者・伊呂具秦公《いろぐのはたきみ》に命じて稲荷山三ヶ峰に神を祀らせたのが創建とされる。

伊呂具秦公は秦《はたの》伊呂具とも呼ばれる、渡来系氏族・秦氏の人物。秦氏は日本への渡来後、山城国に定住してここを拠点としたが、大きく分けて太秦《うずまさ》を本拠地とする一族と、深草を本拠地とする一族との2つの流れがあった。

太秦の秦氏には、大宝元年（701）に松尾大社を創建した秦忌寸都理《いみきとり》がいるが、秦氏の系譜によると伊呂具はこの都理の弟であり、深草系秦氏は太秦系の支流という扱いであったらしいことがわかる。ただ『日本書紀』には、29代欽明天皇が深草の秦大津父《おおつち》を財務官として重用したという記述があり、6世紀前期にはすでに深草と秦氏に強い関連があっ

千本鳥居
稲荷山頂に向かって、人々が奉納した朱色の鳥居が無数に続いている。

楼門と外拝殿
全国の稲荷社の総本社で、本殿や外拝殿、楼門など8棟が国の重要文化財に指定されている。

たことが見て取れる。

秦氏は秦の始皇帝の末裔ともいわれるが、伏見稲荷神職家の系図では、伊呂具の祖はカモノタケツヌミと記されている。この神は下鴨神社の祭神で、古くから山城国を勢力圏とした古豪族・賀茂氏の祖神である。ここには秦氏が本来の山城の主である賀茂氏との「政略結婚」を重ね、同地での地盤を固めていったという歴史が反映されているとも考えられる。

『山城国風土記』の逸文には、豊作に驕った伊呂具が戯れに餅を的にしたところ餅が白鳥と化して飛び去り、舞い降りた山の峰に稲がなったので「イナリ」の社名となったという伝説も記されている。

こうした社伝や伝説からもわかるように、稲荷山は神社創建以前から神聖視されていた山で、一ノ峰、二ノ峰、三ノ峰の頂にはそれぞれ大型の古墳が築かれていたといわれる。三ノ峰からは明治20年代半ばに変形神獣鏡が出土しており、現在も続く稲荷山のお塚信仰のルーツは古墳時代にまでさかのぼるという説もある。

一ノ峰

稲荷山は３つの峰からなり、標高約233mの一ノ峰は稲荷山の最高峰。頂上には末広大神が祀られている。

神使の狐

稲荷神は別名ミケツノカミと呼ばれ、神使の狐は、「ミケツ」に「三狐」の字を当てたことに由来するといわれる。

DATA

住所／京都府京都市伏見区深草薮之内町68
アクセス／JR奈良線「稲荷」駅から徒歩すぐ

●遷都と共に遷された八姓の氏神

平野神社《ひらのじんじゃ》

京都府

延暦13年（794）に現在の京都北部に遷座されたという平野神社。主祭神の今木神《いまきのかみ》は、それ以前には平城京内で祀られていたとされていて、遷都とともに平城京から平安京へと引っ越してきたことになる。

今木とは「今来」、つまり渡来系であることを示す名前ともいわれ、そもそもは百済《くだら》の武寧《ぶねい》王の子孫を自称する和氏《やまと》、高野朝臣が信仰する神だった。

この一族から出た高野新笠《にいがさ》が50代桓武《かんむ》天皇の生母であったことから、平安時代以降、平野神社は「天皇家の外戚の神」として朝廷から大変重要視されるようになった。やがて、桓武天皇の皇子たちが同社を氏神としたのにならい、源氏や高階《たかしな》氏など天皇の血を引く多くの氏族から氏神として信仰されるようになり、「八姓の氏神」と呼ばれるほどに繁栄した。

社殿
本殿は４殿２棟で比翼春日造あるいは平野造と呼ばれる独特の構造で、国の重要文化財に指定されている。

なかでも桓武系出身で最も成功した一族のひとつである桓武平氏とのつながりは深く、江戸時代には平氏嫡流の公家・西洞院《にしのとういん》家の尽力で現在の社殿が復興されている。

桜
平安時代から植樹され、約60種400本の桜がある。江戸時代から庶民にも解放され桜の名所となっている。

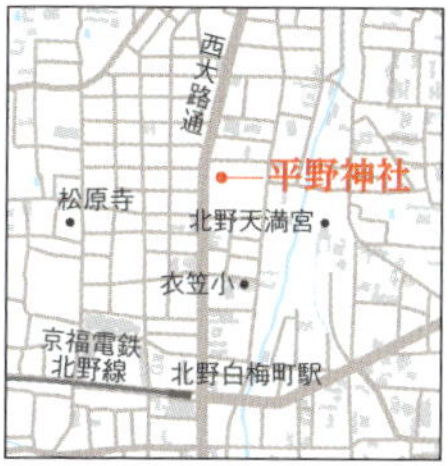

DATA

住所／京都府京都市北区平野宮本町１
アクセス／京福電気鉄道北野線「北野白梅町」駅から徒歩約7分

大原野神社《おおはらのじんじゃ》

社殿

「京春日」とも称され、春日大社と同様に春日造の本殿が4棟が並んで鎮座している。

住所／京都市西京区大原野南春日町１１５２

50代桓武《かんむ》天皇が平城京から長岡京への遷都を行った延暦3年（784）、春日大社の分社として長岡京にほど近い大原野の地に藤原氏の氏神を祀ったのが大原野神社である。桓武天皇の皇后で、平《へい》城《ぜい》、嵯峨両天皇の生母となった藤原乙牟《おとむ》漏《ろ》が創建したもので、奈良の本社に対して「京春日」と呼ばれる。長岡遷都は、平城京に残される既存仏教勢力からの強い抵抗にあい、天変地異も多発。政変により変死した弟・早良《さわら》親王の祟りによるものだとおそれられ再度遷都された。長岡京はわずか10年ほどで廃都となった。

交野天神社《かたのてんじんしゃ》

本殿

26代継体天皇の樟葉宮跡ともされ、本殿は応永9年（1402）に建立された。国の重要文化財に指定されている。

住所／大阪府枚方市楠葉丘2-19-1

正式には「かたのあまつかみのやしろ」と呼ぶ。交野天神社の起源は、延暦6年（787）、長岡京に遷都した50代桓武《かんむ》天皇が父・光仁天皇を祀るために設けた「郊祀壇《こうしだん》」とされる。中国の皇帝の祭祀にならったもので、天壇を都の南方に置いたことから、交野天神社も長岡京のほぼ真南に位置している。また同地は、26代継体《けいたい》天皇が即位し、以後5年間宮を営んだという樟葉宮《くずのはのみや》の旧地であるとされ、「樟葉宮跡の杜《もり》」として市の名勝に指定されている。古墳時代には、交野市一帯は豪族・肩野物部《かたののもののべ》氏の支配地だった。

古代の先進地域に鎮座する元伊勢

籠神社《このじんじゃ》

京都府

伊勢神宮鎮座以前にアマテラスとトヨウケを祀ったという「元伊勢」伝承のある神社で、社伝では養老3年（719）の現在地への遷座以前には、奥宮・真名井《まない》神社を社地として祭祀を行っていたとされる。

宮司の海部《かいふ》家は、祭神のアメノホアカリを祖先とし、古代には丹波国造《くにのみやつこ》を務めていたともいわれる家系で、同家に伝わる「海部氏系図」は、古代地方豪族の伝承を伝える無二の史料として国宝に指定されている。

丹後、丹波、但馬をあわせた古代丹後地域には、畿内（ヤマト）や山陰（出雲）といったいずれの有力地域とも異なる独自の文化圏が築かれており、古代「丹波王国」と呼ばれることもある。

丹波王国の特産は、豊富な鉄とガラス製品。丹波の遺跡からは美しいガラス釧《くしろ》や大量のガラス製装飾品、大製鉄施設跡などが発見されているが、鉄とガラスはいずれも当時の最新技術の結晶であり、丹波の「王」が先進地中国や朝鮮半島と独自の外交・交易ルートを持つ実力者であったことを示している。

社殿
伊勢神宮が伊勢の地に鎮座する前に八咫鏡が祀られた「元伊勢」のひとつともされる。

本殿
伊勢神宮と同じ建築様式。伊勢神宮外宮のトヨウケは籠神社の奥宮から分霊されたものともいわれる。

DATA

住所／京都府宮津市字大垣430
アクセス／京都丹後鉄道「天橋立」駅からバスで約25分

射水神社《いみずじんじゃ》

社殿

越中国一宮とされ、高岡古城公園内にある。かつての神域は二上全山の約22万坪にも達した。

住所／富山県高岡市古城1-1（高岡古城公園内）

越中国に4社ある一宮のひとつで、社伝では養老年間（8世紀初頭）に行基が二上権現を祀る養老寺を建てたのが創始。現在はアマテラスの孫ニニギを祭神としているが、明治以前には二上山の神である二上神を祀る、仏教色の強い神仏習合の信仰地だった。二上神は、当地の豪族・伊弥頭国造《いみずのくにのみやつこ》の祖神であるともされるが、初代国造には武内宿禰《たけのうちのすくね》の子孫・大河音足尼《おおかわおとのすくね》が就いたとする説もある。二上山周辺には県内最古の大型古墳がある桜谷古墳が残っており、独自の地方政権があった可能性もある。

御《み》上《かみ》神《じん》社《じゃ》

社殿

本殿は鎌倉時代後期の建立と伝えられる国宝。拝殿、楼門、摂社・若宮神社本殿は国の重要文化財。

住所／滋賀県野洲市三上838

社伝によれば、7代孝霊天皇の代に、祭神アメノミカゲが三上山に降り立ったとされ、その後、養老2年（718）に44代元正《げんしょう》天皇の命を受けた藤原不比等《ふひと》が社殿をつくらせたものだといわれる。三上山は神社の創建以前から神奈備《かむなび》（神の宿る聖域）として信仰される山だった。山麓の大岩山では明治時代、山遊びをしていた子どもによって偶然14個もの銅鐸が発見されている。さらに1962年には銅鐸10個がまとめて発掘され、ここが弥生時代からの聖地であることが裏付けられた。

東京都

神田神社《かんだじんじゃ》

新皇を名乗った平将門を祀る江戸の総鎮守

社伝では、出雲系氏族の真神田臣《まかんだおみ》が祖神オオナムチ（オオクニヌシ）を祀る社を建てた天平２年（７３０）を創建とする。祭神はオオナムチとスクナヒコナ、そして平将門《たいらのまさかど》である。平将門は首塚の祟りを鎮めるために鎌倉時代に合祀された。「神田明神《かんだみょうじん》」の名で呼ばれることが多い。

平将門は桓武《かんむ》平氏のなかでも常陸、上総、下総諸国（現在の北関東一帯）に土着し武士集団となった坂東平氏に属す。平安中期、東国では武士の領地争いや一族の内紛が常態化しており、将門は天慶２年（９３９）、意図せず常陸国府と対立、これを打ち負かしたことで朝廷への「反乱者」となった。近隣の国府も次々に陥落し、京の都は「将門が攻めてくる」と大混乱に陥った。将門は「新皇」を名乗り、坂東８ヶ国の独立を宣言したともいわれる。一連の「平将門の乱」は期間こそ数ヶ月で鎮圧されたものの、関東に独立勢力を樹立しようとした姿勢は後世江戸の庶民にも強く支持され、神田明神繁栄の支えとなった。

社殿

関東大震災によって罹災した社殿は、1934年に再建する際に、全国でもいち早く鉄骨鉄筋コンクリート造を採用した。

将門塚

神田神社で祀られている平将門ゆかりの地で、京都でさらされた平将門の首が飛来した場所と伝えられる。

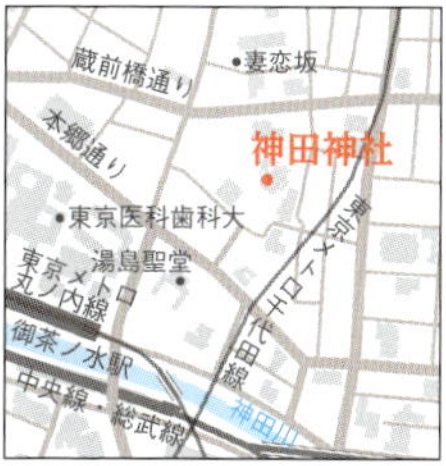

DATA

住所／東京都千代田区外神田2-16-2
アクセス／JR中央・総武線「御茶ノ水」駅から徒歩約5分

高麗神社《こまじんじゃ》

●亡国の民たちが住んだ新天地の氏神

埼玉県

高麗神社の祭神・高麗王《こまのこきし》若光《じゃっこう》は、38代天智《てんじ》天皇の時代、６６６年に日本を訪れた高句麗《こうくり》使節の一員と考えられている。この頃、東アジアの国際情勢は激動のさなかにあった。朝鮮半島で鼎立していた高句麗《こうくり》、新羅《しらぎ》、百済《くだら》の３国のうち、高句麗と百済が同盟して新羅と対立すると、新羅は大国・唐と連合して反転攻勢、百済を攻め滅ぼす。

百済と友好関係にあった日本（倭国）は亡命百済人と連合し唐・新羅連合軍と戦うが、白村江で大敗。そして若光渡来の２年後、６６８年には高句麗も滅亡してしまう。

亡国の民となった若光は日本で朝廷に仕える道を選ぶが、大宝３年（７０３）、「高麗王」姓を下賜されると、霊亀２年（７１６）には日本に移住していた１８００人近い高句麗人を率い、武蔵国に新設された高麗郡の長となった。

若光の死後、その徳を偲んだ郡民が霊を祀ったのが高麗神社の創建とされ、宮司職は現在まで１３００年にわたり若光の子孫が受け継いでいる。

社殿

高句麗からきた高麗王若光を祀る。参拝した人がのちに総理大臣になるなどしたため出世明神としても知られる。

将軍標

朝鮮半島の伝統的な魔除けの境界標で、「天下大将軍」「地下女将軍」と刻まれている。

DATA

住所／埼玉県日高市新堀833
アクセス／JR川越・八高線「高麗川」駅から徒歩約20分

●北関東最大規模の山岳信仰の聖地

栃木県

日光二荒山神社《にっこうふたらさんじんじゃ》

奈良時代、下野国芳賀郡の僧侶・勝道《しょうどう》上人が修験《しゅげん》霊場を開いたことにはじまり、二荒山（男体山《なんたいさん》）山頂に神社奥宮を創建したのは天応2年（782）、中禅寺湖畔の中宮祠《ちゅうぐうし》を開いたのは2年後の延暦3年（784）とされる。

現在の日光二荒山神社は3つの社域を中心に約3400ヘクタールもの広大な境内を持ち、日光連山やいろは坂、華厳《けごん》の滝もこの中に含まれている。

日光が古代から関東最大規模の山岳信仰地だったことを示すものに、男体山山頂遺跡がある。奥宮から西100メートルほどの場所にあるこの遺跡は国内有数の祭祀遺跡として知られ、大正時代の調査開始から現在までに総数1万点近い膨大な祭祀遺物が発見されている。

出土品は銅鏡、土器、刀や弓矢などの武具、仏具類、祭祀遺物としては非常に珍しい銅印など多種多様で、奈良から江戸時代まで1000年以上もの間、この地が祈りの場となっていたことを証明している。

社殿

本殿や拝殿11棟は国の重要文化財。「日光」の地名は「二荒」の音読みを由来とする。

中宮祠

中禅寺湖のほとりにあり、男体山の登山口がある。頂上には奥宮が鎮座している。

DATA

住所／栃木県日光市山内2307
アクセス／JR日光線「日光」駅からバスで約7分

●最古級の古墳が発見された古代スルガの中心地

三嶋大社《みしまたいしゃ》

静岡県

三嶋大社は伊豆国一宮。祭神・三嶋大神は御島《みしま》すなわち伊豆諸島を司る神と考えられ、天平宝字2年（758）の記録にはじめてその名前がみられる。平安初期には伊豆諸島で噴火が頻発したため、同神は火山神として人々や朝廷から非常に畏怖され、急速に神階（神の位）が上げられていく様子が正史に記されている。

伊豆国は7世紀末に分離されるまで駿河国の一部だった。古代スルガの中心地は三島市に隣接する沼津市の一帯だったが、2000年に同市内の高尾山古墳の発掘調査は考古学界に衝撃をもたらした。調査の結果、高尾山古墳は全長60メートル超の前方後方墳で、その築造年代は卑弥呼《ひみこ》の墓とされる箸墓《はしはか》古墳と同じか、さらに古い230年頃になることがわかったのである。初期古墳としては最大級の規模で、出土した副葬品の質からしても、埋葬された首長は相当の力を持った「スルガ王」であり、畿内とは別の古墳文化をリードする存在だった可能性も考えられている。

社殿

本殿、幣殿、拝殿は慶応2年（1866）に再建されたもので国の重要文化財に指定されている。

神池と厳島神社

厳島神社は北条政子が勧請したと伝えられる。このほか源頼朝・北条政子の腰掛け石が残る。

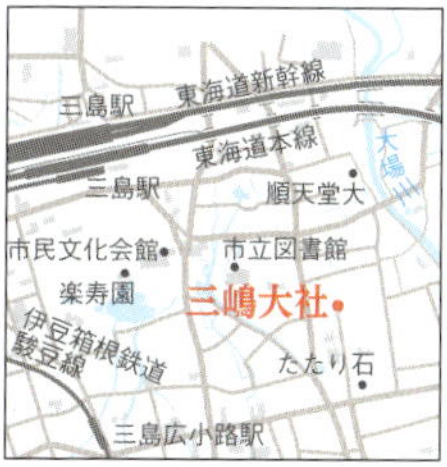

DATA

住所／静岡県三島市大宮町2-1-5
アクセス／JR東海道線「三島」駅から徒歩約15分

本州最北の霊峰・岩木山を御神体にする

岩木山神社《いわきさんじんじゃ》

青森県

　標高約１６２５メートル、青森県内最高峰である岩木山は、津軽地方一帯から仰ぎ見られる霊山として信仰され、山頂に社殿を建てた宝亀11年（７８０）を神社の創建とする。社伝では延暦19年（８００）に征夷大将軍・坂上《さかのうえの》田村麻呂《たむらまろ》が社殿を再建してこれを奥宮とし、山麓の十腰内《とこしない》の地に下居宮《おりいのみや》を建てたといわれる。この社伝にもみられるように、東北地方には征夷大将軍として当地を訪れた田村麻呂にまつわる伝承が多く残されている。

　田村麻呂を輩出した坂上氏は後漢霊帝の末裔を自称する渡来系豪族で、古くから武門の一族として朝廷に仕えてきた。蝦夷《えみし》を討伐する征夷大将軍に任じられたのは延暦16年（７９７）のこと。その後数度にわたる遠征で蝦夷の長アテルイ、モレらを捕虜にするなど、将軍として多くの功績を打ち立てた。

　東北には朝廷と蝦夷の戦いにまつわる史跡も多く、田村麻呂が築いた胆沢城跡（岩手県）や、多賀城跡（宮城県）が国史跡に指定されている。

岩木山

御神体である岩木山は津軽富士とも呼ばれる。境内の本殿や拝殿などは国の重要文化財に指定されている。

DATA

住所／青森県弘前市百沢寺沢27

アクセス／JR奥羽本線「弘前」駅からバスで約40分、下車後徒歩約12分

参考文献

『完全保存板　日本の神様』　青木康 編　宝島社
『継体天皇と朝鮮半島の謎』　水谷千秋 著　文春新書
『考古学から見た日本の古代国家と古代文化』　大阪府立近つ飛鳥博物館
『古事記の本』　学研
『古事記』異端の神々』　原田実 著　ビイング・ネット・プレス
『古事記 日本書紀に出てくる謎の神々』　歴史読本編集部　新人物文庫
『古代史の謎は「海路」で解ける』　長野正孝 著　ＰＨＰ新書
『「古代日本」誕生の謎』　武光 誠 著　ＰＨＰ文庫
『古墳とヤマト政権 古代国家はいかに形成されたか』　白石太一郎 著　文春新書
『神社のいろは 続』　神社本庁 監修　扶桑社
『神話のおへそ』　神社本庁 監修　扶桑社
『神社の古代史』　歴史読本編集部 著　新人物文庫
『神道の本』　学研
『新版 古事記 現代語訳付き』　中村啓信 訳注　角川文庫
『図説 出雲の神々と古代日本の謎』　瀧音能之 著　青春出版社
『図説 地図とあらすじでわかる！日本書紀と古代天皇』　瀧音能之 著　青春出版社
『聖地の想像力』　植島啓司 著　集英社新書
『総図解 よくわかる古代史』　瀧音能之 編　新人物往来社
『天皇の本』　学研

『謎の大王　継体天皇』　水谷千秋 著　文春新書
『日本書紀　全現代語訳』　宇治谷孟 著　講談社学術文庫
『日本神話の考古学』　森浩一 著　朝日文庫
『日本神話の比較研究』　大林太良編 著　法政大学出版局
『日本の神々』　谷川健一 著　岩波新書
『日本の古代王朝をめぐる101の論点』　新人物往来社
『風土記』　吉野裕 訳　平凡社
『風土記研究の最前線―風土記編纂発令1300年』　橋本雅之著　新人物往来社
『風土記謎解き散歩』　瀧音能之 編著　新人物文庫
別冊宝島『天皇と古代史』　宝島社
別冊宝島『巡礼 日本の神様』　宝島社
別冊宝島『神社と神様大全』　宝島社
別冊宝島『日本の古代史 ヤマト王権』　宝島社
別冊宝島『図解 聖地 伊勢・熊野の謎』　宝島社
『八百万の神々』　戸部民夫 著　新紀元社
『ヤマト王権』　吉村武彦 著　岩波新書
ＴＪＭＯＯＫ『神社と神様』　宝島社
ＴＪＭＯＯＫ『日本の神話』　宝島社
ほかに各神社のオフィシャルホームページなどを参照しています。

編集協力　青木 康（杜出版株式会社）
執筆　青木 康、高野勝久、常井宏平
本文デザイン・DTP　川瀬 誠

日本の神社研究会

全国の神社の案内パンフレットを制作している編集プロダクション・杜出版が主宰。全国の神社を巡り、地域ごとに特色がある神社の信仰のみならず、歴史学の観点から神社を研究している。神社ファン、古代史ファンに神社の奥深さを知ってもらいたいと思い、本書を執筆した。

宝島社新書

カラー版 日本の神社100選
一度は訪れたい古代史の舞台ガイド
(からーばん　にほんのじんじゃひゃくせん
いちどはおとずれたいこだいしのぶたいがいど)

2018年5月24日　第1刷発行
2022年9月20日　第2刷発行

著　者　日本の神社研究会
発行人　蓮見清一
発行所　株式会社宝島社
〒102-8388 東京都千代田区一番町25番地
電話：編集　03(3239)0927
営業　03(3234)4621
https://tkj.jp
印刷・製本　株式会社光邦

ISBN 978-4-8002-8431-0